海外進出の実務シリーズ

オランダ
の会計・税務・法務
Q&A

【編】新日本有限責任監査法人

税務経理協会

発刊にあたって

　本書は，初めてオランダに進出しようとする会社やオランダに既に進出している会社に対して，オランダの税制，会計，法務その他関連事項に関する最新情報を提供するための実務書です。

　現在，オランダには400社を超える多数の日系企業が進出しています。これは，オランダが国際税務戦略上の重要拠点であるだけでなく，欧州の中央部に位置し，ドイツ，フランス，英国に近いという地理的優位性から，欧州物流拠点になっているためです。オランダには，資本参加免税，事前確認制度など税務上の優位性があり，持株会社，金融会社が多く設立されています。また，輸入時のVAT延納制度があるため，物流拠点として欧州中央倉庫をオランダに設置している会社が多くあります。

　2015年10月，OECDからBEPS最終報告書が公表されており，オランダの税制にも少なからず影響を及ぼしています。これに対し，オランダは納税者に予見可能な安定的な税制を提供するという基本方針を有しており，BEPS，EU指令に対して，必要な範囲で税制改正，租税条約の見直しを行うという対応を取るものと思われます。

　2016年9月，オランダ政府は2017年タックスプランを公表しました。
　今回のタックスプランでは，税制の簡素化と租税回避が基本コンセプトとされています。オランダ政府は，ATA（反租税回避）指令に関する法案を2017年後半に提出するとしています。

　EU加盟国は現在28か国ですが，2016年6月，英国は国民投票によりEU離脱を選択しました。今後，離脱に関してEUと英国の交渉が行われることにな

りますが，欧州本社，販社，工場を英国に置いている日系企業は多くあり，税制だけでなく事業上の影響も予想されており，欧州事業再編の検討が必要になる可能性があります。本書においては，EU税制，欧州事業再編についても説明していますので参考になれば幸いです。

　日本では，2017年の税制改正において，タックスヘイブン税制の抜本的見直しが行われるようです。配当，ロイヤリティなどに対する課税の取扱いが変更になると日本企業に大きな影響を及ぼす可能性がありますので，今後の動向に留意する必要があります。

　本書がオランダの諸制度及びEU税制を理解する上で皆様の一助となり，オランダでの事業に携わる方や進出を検討されている方のお役に立てれば幸いです。
　最後に本書の刊行にあたり，税務経理協会の吉冨智子様，小島朋子様ほか，関係者の皆様に多大なご尽力を頂きました。この場をお借りして厚く御礼を申し上げます。

2016年10月1日

　　　　　　　　　　　　　　　　　　　　　　　新日本有限責任監査法人
　　　　　　　　　　　　　　　　　　　　　　　　　　富永　英樹

[目 次]

発刊にあたって

第1章 オランダの基礎知識

1　オランダの概要／2
2　欧州物流のゲートウェイ／2
3　有利な税制／3
4　オランダの基礎データ／5
5　オランダ進出サポート体制／7

第2章 オランダ進出に関するQ&A

1　会社の法的形態

- Q1　BV，支店及び駐在員事務所／10
- Q2　フレックスBV／11
- Q3　BV設立手続／13
- Q4　BVに関する登記事項／15
- Q5　株式の種類／16
- Q6　BVの配当に関する資本テスト，流動性テスト／17
- Q7　BVと支店の比較／18
- Q8　支店と駐在員事務所の相違点及び登記手続／19
- Q9　COOP（組合）／23

2　持株会社

- Q10　持株会社の意義，メリット／25
- Q11　資本参加免税／26
- Q12　日本からオランダ会社に対する株式現物出資／29
- Q13　子会社清算損の税務上の取扱い／30
- Q14　居住性，サブスタンス（実質）／31
- Q15　配当及び中間配当に係る源泉税／32

- Q16 みなし配当／33
- Q17 資本準備金の払戻し／34
- Q18 配当源泉税に係る３％控除／34
- Q19 配当に対する濫用防止規定の適用／36
- column 米蘭租税条約の留意点／36
- Q20 持株会社のVAT／37
- Q21 グループ内サービス提供／38

3 金融会社
- Q22 グループ金融会社／40
- Q23 グループ金融会社の実質要件，リスク要件／41
- Q24 キャッシュプーリング／43
- column 持株会社設置国の比較（オランダ，英国，ドイツ）／46

第3章 法人税に関するQ&A

1 法人税
- Q1 法人税率，課税事業者，繰越控除及び繰戻還付／48
- column 税務上の居住地の移転／49
- Q2 損失控除に関する制限／50
- Q3 源泉税に係る税額控除制度／50
- Q4 イノベーションボックス課税，適格研究開発税制／51
- Q5 税務上の機能通貨／53
- Q6 法人税申告手続／54
- Q7 法人税査定書／54
- Q8 水平的モニタリング制度／56
- Q9 財務会計と税務会計／57
- Q10 棚卸資産の評価方法／58
- Q11 法人税法上の準備金／59
- Q12 長期外貨建債務に係る為替差額の取扱い／59
- Q13 固定資産の減価償却／60
- Q14 借入金利子の取扱い／60
- Q15 営業権の償却／62

Q16	持分法損益の税務上の取扱い／62
Q17	混合費用の取扱い／63
Q18	外国支店損益の取扱い／63
Q19	デットエクイティスワップ／64
Q20	過少資本税制，資本参加負債／64
Q21	連結納税／65
Q22	連結納税の範囲／67
Q23	M&Aにおける借入金利子の取扱い／68
Q24	税務上の合併／69
Q25	税務上の会社分割／70
Q26	CFCルール／71

2　事前確認制度（ATR，APA）

Q27	事前確認制度／72
Q28	ATR（事前税務裁定制度）／73
Q29	APA（事前価格確認制度）／74

3　移転価格税制

Q30	法人税法の移転価格規定／77
Q31	移転価格通達／78
Q32	移転価格文書／79
Q33	移転価格文書化手続／82
Q34	移転価格の方法／83
Q35	移転価格におけるロイヤルティの取扱い／85
Q36	移転価格における委託研究開発の取扱い／86
Q37	移転価格における損失の取扱い／86
Q38	相互協議手続，EU仲裁手続／88
Q39	オランダにおける移転価格リスクの管理／89
Q40	オランダにおける移転価格調査／90

4　日蘭租税条約

Q41	日蘭租税条約の改正点／92
Q42	税務上の居住者及び恒久的施設／93
Q43	本支店課税／94
Q44	配当源泉税／95
Q45	利子源泉税／96

- Q46 不動産，株式譲渡益／97
- Q47 相互協議における仲裁手続／98
- column 日本の移転価格文書化手続／99
  インドネシア租税条約に係る改定議定書／100

第4章 付加価値税，関税に関するQ&A

1 付加価値税（VAT）

- Q1 VATの基本的仕組み／102
- Q2 課税対象取引／104
- Q3 課税事業者／105
- Q4 課税地／106
- Q5 課税時期／107
- Q6 輸入VATの延納制度（Article 23）／108
- Q7 インプットVATの控除／108
- Q8 VAT法上の固定的施設／110
- Q9 VAT納税代理人制度／111
- Q10 コールオフストック，コンサイメントストック／112
- Q11 リバースチャージ／113
- Q12 チェーン取引（ABC取引）／114
- Q13 サービスに係るVAT／116
- Q14 インボイス／117
- Q15 グループ納税／118
- Q16 申告方法／119
- Q17 EUセールスリスト，イントラスタット報告／120
- Q18 VATの還付方法／121
- Q19 VAT申告の事例／122

2 関 税

- Q20 関税の基本的仕組み／124
- Q21 税率，評価方法／125
- Q22 関税優遇措置／126
- Q23 関税代理人制度／128

- Q24 AEO／129
- Q25 新欧州連合関税法典（UCC）／131

第5章 個人所得税に関するQ&A

1 個人所得税
- Q1 居住者，非居住者及び部分的非居住者／136
- Q2 183日ルール／137
- Q3 個人所得の計算／138
- Q4 役員報酬と留守宅手当／139
- Q5 30％ルーリング／140
- Q6 駐在員に対する給付の取扱い／141
- Q7 課税年度，申告納付／143

2 賃 金 税
- Q8 賃金税／144
- Q9 親会社の源泉税徴収義務の移転／145

3 社 会 保 険
- Q10 オランダの社会保険，健康保険制度／146
- Q11 日蘭社会保障協定／148
- Q12 駐在期間中のオランダ年金の受給／149
- Q13 企業年金の適格相当承認制度／150
- Q14 日本の社会保険料／150
- Q15 業務関連費用スキーム（Work related cost scheme）／151
- Q16 労働許可証／152
- Q17 滞在許可証／153
- Q18 住民登録／155

第6章 会計制度に関するQ&A

1 会計と監査
- Q1 適用会計基準／158

- Q2　財務諸表の提出時期／159
- Q3　財務諸表の様式／160
- Q4　会計期間／160
- Q5　会社の区分／161
- Q6　取締役報告書／162
- Q7　監査人の選任手続／163

2　オランダ会計基準

- Q8　資産に関する一般的評価方法／164
- Q9　棚卸資産の会計処理／165
- Q10　短期保有有価証券の会計処理／165
- Q11　有形固定資産の会計処理／166
- Q12　無形固定資産の会計処理／166
- Q13　営業権，負ののれんの会計処理／167
- Q14　関連会社株式の会計処理／168
- Q15　その他の金融資産の会計処理／168
- Q16　引当金の会計処理／169
- Q17　従業員年金の会計処理／170
- Q18　税効果会計／171
- Q19　複合金融商品の会計処理／171
- Q20　資本の部／172
- Q21　デリバティブ及びヘッジ会計／173
- Q22　リース会計／174
- Q23　外貨建取引及び外貨建債権債務／174
- Q24　減損会計／175
- Q25　連結財務諸表／176
- Q26　連結財務諸表の免除規定／177
- Q27　貸借対照表の表示／178
- Q28　損益計算書の表示／178
- Q29　キャッシュフロー計算書の表示／179
- Q30　会計方針の変更の開示／180
- Q31　オランダ会計基準と国際財務報告基準／180

第7章 会社法務,その他のQ&A

1 会社法

- **Q1** 株主総会／192
- **Q2** 取締役及び取締役会／193
- **Q3** 監査役会／195
- **Q4** 労使協議会／196
- **Q5** 現物出資の法的手続／197
- **Q6** 減資の法的手続／198
- **Q7** 合併の法的手続／199
- **Q8** クロスボーダー合併手続／201
- **Q9** 買収に関する手続／203
- **Q10** EU独禁法,オランダ競争法／205
- **Q11** 会社分割の法的手続／206
- **Q12** 会社清算／208

2 雇用契約

- **Q13** 雇用契約の締結／210
- **Q14** 雇用契約書の記載事項／211
- **Q15** 試用期間／212
- **Q16** 競業禁止条項／213
- **Q17** 最低賃金,法定休暇手当／214
- **Q18** 病気療養中の従業員給与／214
- **Q19** 雇用契約の終了／215
- **Q20** 雇用契約の更新／217
- **Q21** 解雇手続／218
- **Q22** 転職手当／220
- **Q23** 取締役の解雇／221
- **Q24** オランダの社会保障制度／222

第8章 BEPS, EU税制に関するQ&A

1 BEPS（税源浸食と利益移転）
- **Q1** ハイブリッド・ミスマッチの無効化（行動2）／224
- **Q2** 利子控除制限ルール（行動4）／225
- **Q3** 有害な租税慣行に対する効果的対応（行動5）／226
- **Q4** 租税条約の濫用防止（行動6）／228
- **Q5** 税務上の恒久的施設（行動7）／229
- **column** その他のBEPS最終報告書の内容／231

2 EU指令
- **Q6** 親子会社指令／236
- **Q7** 利子, ロイヤルティ指令／237
- **Q8** EU反租税回避指令／239
- **Q9** EU国別報告開示指令案／242
- **Q10** EU共通連結法人課税標準（CCCTB）／244
- **Q11** EU合併指令／245

3 EUVAT
- **Q12** 遠隔地販売／247
- **Q13** イントラコミュニティ取引／248
- **Q14** 三者間取引／248
- **Q15** 支店取引／249
- **Q16** サービスに対するVAT／250
- **Q17** VAT報告制度／251
- **Q18** インボイス指令／252
- **Q19** VAT申告書／252
- **Q20** VAT行動計画／253
- **column** EU加盟国の税率／254

第9章 欧州組織再編に関するQ&A

1 法的再編による本支店会社への移行
- **Q1** 本支店会社と親子会社／256
- **Q2** 支店の利益計上／257
- **Q3** 本支店会社のメリット，デメリット／258
- **Q4** 本支店会社への移行方法／259
- **Q5** 営業譲渡及び会社清算による支店化／260
- **Q6** クロスボーダー合併による支店化／261

2 プリンシパルモデルによる機能再編
- **Q7** プリンシパルモデルによる機能再編／262
- **Q8** 機能再編の方法／263
- **Q9** プリンシパルモデル／264
- **Q10** プリンシパルモデルの阻害要因，成功要因／265
- **Q11** プリンシパルモデルにおける販社機能／266
- **Q12** プリンシパルモデルにおける販売会社／267
- **Q13** プリンシパルモデルにおける製造会社／271
- **Q14** シェアードサービスセンター／272
- **Q15** プリンシパルモデルの税務問題／273
- **Q16** プリンシパルモデルと移転価格リスク／274

用語索引／276

本書を執筆するに際しては最新の情報を掲載するように努めておりますが，各種制度については常に追加・変更が行われています。したがって，実際の手続や関係当局への申請および交渉にあたっては，常に最新の情報を確認し，必要に応じて会計事務所等の専門家に相談なさることをお勧めします。

第1章

オランダの基礎知識

● Point ●

　第1章では，オランダに関する基礎知識として，オランダの概要や有利な税制，オランダ進出のサポート体制等について説明しています。
　オランダは，地理的条件や社会インフラが整備されていることから欧州物流の拠点となっており，また，オランダの税制は予見可能な安定的税制であることから，多くの日本企業が進出しています。

1　オランダの概要

　オランダの正式名称は，オランダ語でNederlanden（英語ではNederlands）であり，低地の国々を意味します。オランダは九州とほぼ同じ面積ですが，国土の約4割は海面下です。

　オランダといえば，風車，チューリップ，チーズ，自転車などで知られていますが，世界でも有数の銀行，保険会社，日本でも有名な石油精製会社，化学，電機，ビール会社などがあります。アムステルダム証券取引所は，東インド会社が17世紀に設立した世界最古の証券取引所といわれています。また，オランダは天然ガスの生産において欧州第1位，農産品ではアメリカに次ぐ世界第2位の輸出国です。特に農業分野では，産官学のネットワーク，IT技術を駆使した先進的農業経営として日本でも注目を集めています。

　多くのオランダ人は，流暢に英語を話します。ドイツ語，スペイン語など複数の言語を話す人もいます。オランダ人は一般的に形式よりも実利を優先し，異文化及び多様な価値観を受け入れます。

　日本との交流は，1600年以降，400年以上にわたります。日系企業のオランダ進出は1960年代後半から本格化しました。現在の進出企業数は400社を超えており，在留邦人数は7,550人（2015年10月，外務省統計）と公表されています。

　日蘭関係は良好であり，ウィレム・アレクサンダー国王は即位後の2014年に国賓として日本を公式訪問されました。また，2015年にはマルク・ルッテ首相，アムステルダム市長が日本を訪問しています。

　オランダはドイツ，フランス，英国と距離的に近く，スキポール空港，ロッテルダム港，高速道路，鉄道網，内陸水路などの物流インフラが整備されています。また，輸入VATの延納措置などの優遇税制があることから，オランダに欧州中央倉庫を設置する日系企業は多いようです。

2　欧州物流のゲートウェイ

　オランダにはアムステルダム・スキポール空港とロッテルダム港があり，欧州物流のゲートウェイとなっています。

スキポール空港は，ヨーロッパ第3位の航空貨物輸送のハブ空港です。スキポール空港の貨物部門は潜在的ユーザー産業の識別を行い，医薬，食品，生花，ハイテクノロジーなどの産業セクターの特別なニーズを理解し，事業誘致のための投資の推進と基準構築に尽力しています。

スキポール空港は，顧客満足度の向上のためにプロセス改善にも取り組んでいます。例えば，輸送手段としての航空貨物の効率化とセキュリティを達成し，実行可能な解決方法を見出すために，航空会社，荷役業者，運送業者，トラック運送業者，オランダ税関当局，学術研究機関などをネットワーク化しています。オランダ政府は，ヨーロッパの「スマート・エアカーゴ・ゲートウェイ」としてアムステルダム・スキポール空港を位置付けています。

ロッテルダム港は，ヨーロッパ最大，世界第8位の港湾です。ロッテルダム港においては，液体バルク（オイル，化学薬品等），ドライバルク（鉄鉱石，石炭等），コンテナ，重量貨物が総取扱量に対し高い割合を占めています。

日本を含む東アジアは今まで以上にロッテルダム港にとって重要であると認識されており，東アジア専門チームが配置されています。ロッテルダム港の効率性と内陸輸送との接続に関する取組みとして，迅速なコンテナの交換とコスト面での効率化を可能にする鉄道，トラック，荷船ハンドリングの効率化プログラム，船から道路輸送への切替えなどを進めています。

3 有利な税制

① イノベーションボックス税制

　適格研究開発の結果取得したパテントなどに起因する所得の80％を控除することが認められています。

② 支払利子，ロイヤルティの源泉税

　オランダから他国に支払われる利子等の源泉税が非課税とされます。

③ 配当源泉税

　日本の親会社に対する配当源泉税が一定の場合に免税とされます。

④ 資本参加免税

一定の条件を満たす投資から得られる配当，株式譲渡益は非課税です。

⑤　租税条約ネットワーク

90か国以上の国々との租税条約ネットワークを有しています。

【租税条約締結国一覧】

アルバニア，アルゼンチン，アルメニア，アルバ，オーストラリア，オーストリア，アゼルバイジャン，バーレーン，バングラデシュ，バルバドス，ベラルーシ，ベルギー，BES諸島，ブラジル，ブルガリア，カナダ，中国，クロアチア，キュラソー，チェコ，デンマーク，エジプト，エストニア，エチオピア，フィンランド，フランス，ジョージア，ドイツ，ガーナ，ギリシャ，香港，ハンガリー，アイスランド，インド，インドネシア，アイルランド，イスラエル，イタリア，日本，ヨルダン，カザフスタン，韓国，クウェート，キルギス，ラトビア，リトアニア，ルクセンブルク，マケドニア，マラウイ，マレーシア，マルタ，メキシコ，モルドバ，モンゴル，モロッコ，ニュージーランド，ナイジェリア，ノルウェー，オマーン，パキスタン，パナマ，フィリピン，ポーランド，ポルトガル，カタール，ルーマニア，ロシア，サウジアラビア，シンガポール，セントマーチン，スロバキア，スロベニア，南アフリカ，スペイン，スリランカ，スリナム，スウェーデン，スイス，台湾，タジキスタン，タイ，チュニジア，トルコ，トルクメニスタン，ウガンダ，ウクライナ，USSR，アラブ首長国連邦，英国，米国，ウズベキスタン，ベネズエラ，ベトナム，ユーゴスラビア，ザンビア，ジンバブエ　(96)

出典：「Overview of treaty countries」(オランダ税務署)
　　　「Worldwide Corporate Tax Guide 2016」(EY)

⑥　事前確認制度

法人税の取扱い，移転価格等に関する事前確認を行うことが可能です。

⑦　水平的モニタリング制度

税務当局との合意に基づき税務調査が省略されるケースがあります。

⑧　Article 23ライセンス

オランダに拠点のない日本企業は輸入VATの延納制度の適用を受けることができますので，資金負担が生じません。

⑨　30％ルーリング

駐在員のグロス給与の30％は非課税とされます。

4 オランダの基礎データ（外務省ホームページより抜粋）

(1) 一般事情

面積	41,864平方キロメートル（九州とほぼ同じ）
人口	1,700万人（2016年3月　オランダ中央統計局）
首都	アムステルダム
言語	オランダ語
宗教	キリスト教（カトリック教24.4％，プロテスタント15.8％），イスラム教（4.9％），ヒンズー教（0.6％），仏教（0.5％），無宗教，その他（53.8％）（2014年　オランダ中央統計局）
略史	1568年　対スペイン独立戦争 1648年　オランダ連邦共和国独立 1810年　フランスにより併合 1815年　オランダ王国独立 1839年　ベルギー独立を承認 1890年　ルクセンブルクとの同君連合解消 1940年　ドイツによる占領 1945年　オランダの解放 1949年　インドネシアの独立 1975年　スリナムの独立

(2) 政治体制，内政

政体	立憲君主制
議会	二院制（第2院（下院）150議席，第1院（上院）75議席） 第2院に法案，条約の先議権がある。 2016年6月現在，与党は自由民主国民党（VVD）（下院40，上院13）及び労働党（PvdA）（下院36，上院8）。
政府	首相　マルク・ルッテ（VVD） 外相　バート・クーンデルス（労働党）

(3) 経済

主要産業	卸売・小売業，製造業（食品・食料加工，化学・薬等），医療・社会福祉業等
GDP	7,384億ドル（2015年）
一人当たりGDP	43,603ドル（2015年）

経済成長率	2010年：1.1%，2011年：1.7%，2012年：-1.6%， 2013年：-0.7%，2014年：0.9%，2015年：1.9%， 2016年（見通し）：1.8%（2016年4月公表　IMF数値）
物価上昇率	2010年：1.8%，2011年：2.7%，2012年：2.7%， 2013年：1.4%，2014年：0.1%，2015年：0.3%， 2016年（見通し）：0.5%（2016年4月公表　IMF数値）
失業率	2010年：5.0%，2011年：5.0%，2012年：5.8%， 2013年：7.3%，2014年：7.4%，2015年：6.9%， 2016年（見通し）：6.4%（2016年4月公表　IMF数値）
総貿易額	輸出　4,325億ユーロ，輸入　3,827億ユーロ（2014年　オランダ中央統計局）
通貨	ユーロ

(4) 日本との関係

在留邦人数	7,550人（2015年10月　外務省統計）
在日オランダ人数	1,091人（2015年6月　法務省統計）
二国間条約・取極	1912年　通商航海条約 1953年　航空協定 1956年　査証取極 1960年　通商条約 1970年　租税条約 1981年　文化協定 1996年　科学技術協定 2009年　社会保障協定 2010年　税関相互支援協定 2011年　租税条約

【貿易額・主要貿易品目（2015年：財務省貿易統計）】

貿易額　　　　　　　　　　　　　　　　（単位：億円）

年	日本からオランダ	オランダから日本	収支
2009	12,604	3,228	9,374
2010	14,305	3,476	10,829
2011	14,289	4,552	9,737
2012	12,896	3,921	8,976
2013	13,572	4,400	9,172
2014	13,818	4,543	9,275
2015	14,034	3,277	10,757

主要貿易品目

日本→オランダ	一般機械，電気機器，輸送機器
オランダ→日本	化学製品，食料品（肉類等），電気機器

5　オランダ進出サポート体制

(1) オランダ経済省企業誘致局（NFIA）

NFIA駐日代表部は，東京，大阪に事務所があり，オランダに進出する日系企業に対し様々なサポートを行っています。

(2) アムステルダム・インビジネス（Amsterdam In Business）

アムステルダム・インビジネスは，アムステルダム大都市圏（アムステルダム，アルメレ，アムステルフェーン，ハールレメルメール）の公認の対外投資機関です。

(3) ジェトロアムステルダム（Jetro Amsterdam）

日本貿易振興機構のアムステルダム事務所において日系企業のサポートを行っています。

(4) 在蘭日本商工会議所

日本，オランダ両国間の経済関係発展の促進及び親善を増進することを目的として，進出日系企業の各種サポートを行っています。2016年9月末時点の会員数は，通常会員253社，特別会員77社，合計330社となっています。

(5) EY, HVG

　会社設立，雇用契約，会計記帳，監査，税務申告，滞在許可証，30％ルーリング，M&A，各種コンサルティングなど，税務・会計・法務全般のサポートを行っています。EYとHVG法律事務所は戦略的提携関係にあり，日本語によるワンストップサービスを提供しています。

第2章

オランダ進出に関するQ&A

● Point ●

　第2章では，オランダ進出に関連する質問を取り上げています。日系企業の場合，BVの設立，支店又は駐在員事務所を登録するケースが殆どです。

　また，持株会社，金融会社，支店，駐在員事務所の税制や設立手続に関しても取り上げています。オランダでは，資本参加免税により配当非課税，かつ利子源泉税が免除されることから，多数の持株会社，金融会社が設立されています。ただし，BEPSプロジェクトをふまえ，日本のタックスヘイブン税制について平成29年度改正での対応が検討されており，改正内容次第ではオランダ持株会社・金融会社にも大きな影響が生じる可能性がありますので，留意が必要です。

　さらに，投資目的のSPC，金融会社だけでなく，事業会社が株式を保有して欧州地域を統括し，統括会社にキャッシュプーリングなどの金融機能や子会社管理機能を持たせるケースもあります。欧州統括会社が，各国子会社に対して金融，会計，税務，法務などのサービスを提供するだけでなく，事業統括機能，物流機能を有するケースもあります。

1 会社の法的形態

Q1　BV，支店及び駐在員事務所

オランダに事業進出することを検討しています。BV，NV，支店，駐在員事務所が一般的に採用されていると聞いていますが，それぞれについて教えてください。

Answer

　B. V.（Besloten Vennootschap）は非公開有限責任会社であるのに対し，N. V.（Naamloze Vennootschap）は公開可能有限責任会社です。BV，NVともに出資者から独立した法人格と株式に分割された資本を有し，出資者である株主は，出資額を限度として有限責任を負います。

　2012年10月にフレックスBVが導入され，BVの法的取扱いは柔軟になりました。BVでは株券が発行されず，株主名簿が株主の証明手段となります。株主に異動が生じた場合，公証人による株主変更手続が行われます。また，BVの最低資本金は廃止されました。NVの最低資本金は45,000ユーロです。決算書の開示，監査に関しては会社の規模により取扱いが異なります。

　支店，駐在員事務所を採用する場合，日本の会社のオランダ支店，駐在員事務所をオランダ商工会議所に登録します。支店の場合，営業活動を行うことが認められ，オランダ源泉所得に対して法人税の申告が必要になります。支店の

決算書について法定監査を受ける必要はなく，決算書の開示義務もありません。駐在員事務所の場合，営業活動を行うことは認められず，法人税の申告は不要です。支店の場合，日本の会社が資産及び負債を所有し，顧客との契約に関する権利及び義務を負うことになり，法的問題が生じたときは，日本の会社が当事者になります。

日系企業は一般的にBVを設立するケースが多いようですが，支店又は駐在員事務所を開設して，数年後にBVに変更するケースも見られます。

Q2 フレックスBV

2012年に導入されたフレックスBVは，どのような点が旧BVと異なりますか。また，旧BVはフレックスBVに対応するためにどのような手続を行う必要がありますか。

Answer

フレックスBVの改正点は，次のとおりです。
① 最低資本金の廃止
　　最低1株，最低額面0.01ユーロ，授権資本はオプションです。
② 1株額面金額は，ユーロ以外の通貨を選択することが可能
③ 設立時に銀行からの資本金払込み証明は不要
④ 議決権のない株式，配当請求権のない株式の発行が可能
　　普通株式は1株1議決権が原則ですが，優先株式（累積的優先株，固定優先配当），議決権のない株式，1株複数議決権株式，配当請求権のない株式の発行も可能です。ただし，議決権，配当請求権の両方がない株式は認められません。株式の発行及び譲渡は公証人手続によります。
⑤ 現物出資時の監査人証明は不要
⑥ 減資に関する公告は不要

⑦ 配当時には，資本テスト（Equity test），流動性テスト（Liquidity test）を実地

　資本テストにより，株主総会は自己資本が会社法及び定款で規定された法定準備金を超える場合に配当を承認することができます。積立てが必要とされる法定準備金以外の資本金，利益剰余金を含むその他の準備金は配当可能ですが，法定準備金は資本金に組み入れないと配当できません。流動性テストは，フレックスBVになって導入されました。配当決議は株主総会で行われますが，その前に取締役会が配当承認する必要があり，取締役会は流動性をみて支払い余力がないと判断した場合，配当を承認しないことになります。取締役会は，配当支払い後1年間の負債の返済能力をみるためにキャッシュフローテストを行います。

⑧ 監査役会の設置が義務付けられる場合，取締役会，監査役会の構成に二つのタイプを認める

　二層（Two-tier）の監督体制の場合，監査役会を別に設置する必要がありますが，一層（One-tier）の監督体制の場合，ノンエグゼクティブ取締役が取締役会に参加して，より有効にエグゼクティブ取締役を監督できるようになりました。

⑨ 株主についての国籍，居住者，非居住者に関する規制なし

　個人，法人ともに株主資格を有します。

旧BVとの比較は，下記のとおりです。

	旧BV	フレックスBV
最低資本金	18,000ユーロ	なし
株式額面額	ユーロ	ユーロ又は外国通貨
資本金の払込み証明	銀行証明必要	不要
議決権	議決権あり	議決権のない株式可能
利益配当請求権	あり	権利なし株式可能
現物出資	監査人証明必要	不要
株式有償買取	発行株式の50％限度	制限なし

減資	公告，債権者異議申立権利	不要，債権者に異議申立権なし
配当限度	資本テスト	資本テスト，流動性テスト

　2012年10月以降，旧BVにもフレックスBVが適用されていますが，旧BV法に基づき設立された会社は，定款をフレックスBV法に基づく定款に適合するように変更する必要があります。

Q3　BV設立手続

　BVを設立することを検討していますが，設立に要する期間，設立手続，設立定款の作成に必要な情報について教えてください。

Answer

　BVの設立はオランダ公証人により行われます。従来必要とされた法務省からの適格証明書の入手は不要です。

(1)　設立期間

　設立定款の作成に必要な情報が全て提出されてから数日内に登記は完了します。設立に必要な情報の準備期間を含めて1～2か月程度といえます。

(2)　設立手続

　日本の親会社から会社設立に必要な情報の提出を受け，公証人が設立定款のドラフトを作成し，定款に発起人又は委任状に基づき公証人が署名して，商工会議所に登記することにより設立手続は完了します。会社設立前に，発起人又は将来の取締役が設立準備行為を行う場合，「BV in formation」という形で商工会議所に登録することも可能です。

　BVの設立手続では，最初に類似商号の調査を行う必要があります。複数の社名案について類似商号の調査を行い，商工会議所から調査結果に関する通知

書を入手します。これは，すぐに確認することが可能です。

その後の手続は，下記のとおりです。

① オランダ語による設立証書（定款を含む）の作成，英訳
② BV取締役データカードの作成
③ BV取締役データカードへの署名（日本で公証，アポスティーユ）
④ BV発起人による公証人への委任状への署名（日本で公証，アポスティーユ）
⑤ 法人の場合，発行1か月以内の英文商業登記簿の抜粋（公証が求められる場合もある）
⑥ 個人パスポートコピーの提出（データカード対象者，委任状証明権限者など）
⑦ オランダ公証人による設立公正証書の実行
⑧ 定款，株主，取締役などをオランダ商工会議所で登記
⑨ BV株主名簿の作成

(3) 設立に必要な情報

設立定款の作成に必要な情報は，下記のとおりです。

- 会社名
- 会社の登録所在地

  当初，日本の親会社又はトラスト会社の住所により設立登記し，その後オフィスの住所が決定して変更を行うケースもあります。

- 資本金

  ユーロ建，外貨建ての選択，1株額面金額

- 事業年度

  最初の年度は2年以内の会計期間が認められます。

- 最初の取締役

  取締役のデータカード（公証，アポスティーユ），氏名，婚姻関係，住所，国籍，生年月日，職業，オランダ非居住者の場合，銀行信用照会状，パスポートコピー，取締役の署名，パスポートコピーに対する日本の公証人又は弁護士による証明が必要です。

- その他の権限委譲者
- 発起人（株主）
  発起人の委任状（公証，アポスティーユ）
- 親会社の定款（英訳），設立時点で1か月以内の商業登記簿（英訳），直近英文財務諸表，銀行信用照会状等，登記事項証明書（公証，アポスティーユ）

Q4 BVに関する登記事項

BVを設立した場合，商工会議所に登記することが義務付けられているようですが，届け出期間，届け出事項について教えてください。

Answer

オランダに法人を設立した場合，商工会議所において登記することが義務付けられています。オランダ商業登記法により，オランダ各地の商工会議所に登記の申請，処理に関する権限が与えられていますので，商工会議所に登記申請することになります。オランダ法では，会社設立登記は2週間以内，その他の登記は1週間以内に届け出をする必要があります。

BVの場合，下記事項を登記することになります。
- 商業登録番号
- 会社名
- 事業開始日
- 事業組織の経営者に関する情報
- 事業組織の事業所に関する情報
- 従業員数
- 事業活動に関する要約

- 法人の代表者
- 取締役，監査役の就任日，権限に関する事項
- 定款によって会社代表権限が付与されている者に関する，期間，条件等に関する事項
- 授権資本，発行資本，株式の種類（該当がある場合）

Q5　株式の種類

BVにおいて発行が認められる株式には，どのような種類がありますか。

Answer

BVにおいて発行が認められる株式は，普通株式，優先株式，議決権のない株式，複数議決権株式，配当権利落ち株式，累積的優先株式，優先配当＋利益共有株式の7種類です。これを議決権及び利益配当請求権の観点からまとめると，次のようになります。

【議決権からみた株式の種類】

名　称	特　徴
普通株式	1株1議決権
優先株式	特別な権利が付与された株式
議決権のない株式	株主総会に出席することは認められるが議決権なし
複数議決権株式	他の株主より多くの議決権を有する
配当権利落ち株式	議決権はあるが配当請求権はない

【利益配当請求権からみた株式の種類】

名　称	特　徴
普通株式	保有株式割合に応じて配当請求権を有する
優先株式	他の株主より優先して一定の配当請求権を有する

累積的優先株式	配当のない年度の配当請求権は累積される
優先配当＋利益共有株式	一定の優先配当以外は通常の利益共有
配当権利落ち株式	配当請求権はないが議決権は付与される

フレックスBVが導入されて以降，議決権のない株式，配当権利落ち株式の発行が可能となりました。議決権のない株主（配当請求権はある）は株主総会に出席できますが，配当に関する決議は認められません。一方，配当権利落ち株主は総会において配当決議を行うことはできますが，配当請求権はありません。

Q6　BVの配当に関する資本テスト，流動性テスト

BVの株主総会で配当を決議する際，取締役は資本テスト，流動性テストを行う必要があると聞きました。当社の資本の部は，資本金25,000ユーロ，再評価準備金10,000ユーロ，その他の準備金30,000ユーロです。この場合，資本テスト，流動性テストはどのように行われますか。

Answer

1　資本テスト

資本の部において，法律又は定款で配当が認められない準備金を除き，株主に配当することが認められています。貴社の場合，その他の準備金30,000ユーロは配当可能ですが，再評価準備金は法定準備金であり，そのまま配当原資とすることは認められません。

2　流動性テスト

流動性テストの目的は，配当が支払われた後に債権者に対する負債の返済能力が十分にあることを確認することです。直近の財務諸表には負債が表示され

ていますが、これには将来支払予定の負債が含まれています。オランダ法では将来の期間について規定されていませんが、通常、配当支払日から1年と考えられます。配当原資について、資本テストにより直近の貸借対照表に基づき確認され、さらに、取締役は1年間のキャッシュフロー表を作成して会社の支払能力を検証する必要があります。この方法により、取締役は配当余力に関して一定の理解をすることが可能となります。

事前に取締役会が資本テスト、流動性テストを行い、配当に関する提案を株主総会に対して行うことは可能ですが、株主総会が提案額を超える配当を決議した場合には、取締役は改めて当該配当に関して流動性テストを行う必要があります。配当決議後、配当は2週間後に支払われることが多いようですので、当該期間に流動性テストを再度実施して承認することになります。この場合、配当支払日は取締役の配当承認に関する義務との関連で重要になります。

Q7 BVと支店の比較

当社は、オランダにBV又は支店を設立することを検討しています。BVと支店の異同点について教えてください。

Answer

BVと支店を比較すると、次のようになります。

	BV	支店
事業活動の可否	可能	可能
法人税申告	全世界所得	オランダ源泉所得のみ
設立登記手続(注)	公証人手続	公証人手続不要
資本金	最低資本金廃止	なし
訴訟	BVが当事者	日本本社が当事者
財務諸表登記	最長12か月以内登記	登記不要

法定監査の要否	中会社以上必要	不要
VAT申告義務	あり	あり
移転価格文書	ローカルファイル（必要に応じてマスターファイル）	ローカルファイル
法人税連結納税	一定要件の場合可能	一定要件の場合可能
事業撤退	清算手続	登録抹消手続
VATグループ納税	可能	可能
日本における課税	親会社に対する配当は国外配当益金不算入	オランダ支店の利益は日本で課税（税額控除）
親会社に対する利益送金	一定の場合，配当源泉税非課税	利益送金税はない

（注） 支店登記の場合には公証人手続は不要ですが，日本の親会社に関する登録が必要ですので，取締役等に関する証明に時間を要する場合もあります。

Q8 支店と駐在員事務所の相違点及び登記手続

支店と駐在員事務所の税務上の取扱いにおける相違点について教えてください。また，登記にはどのような情報が必要ですか。

Answer

1 支店，駐在員事務所の税務上の取扱い

(1) 支　　　店

オランダ支店が法人税法上の恒久的施設（以下，PE）に該当する場合，法人税の申告義務があります。日蘭租税条約第5条にはPEに関する規定があり，PEは「企業がその事業の全部又は一部を行っている一定の場所」であり，事業の管理の場所，支店，事務所，工場，作業場等がこれに該当しますが，下記の活動はPEに該当しないとされています。

- 企業に属する物品又は商品の保管，展示又は引渡しのために施設を使用すること
- 企業に属する物品又は商品在庫を保管，展示又は引渡しのために保管すること
- 企業に属する物品又は商品の在庫を他の企業による加工のために保管すること
- 企業のために物品若しくは商品を購入し，又は情報を収集することを目的として，事業を行う一定の場所を有すること
- 企業のためにその他の準備的又は補助的な性格の活動を行うことを目的として，事業を行う一定の場所を有すること
- 上記活動を組み合わせて行うことを目的として，事業を行う一定の場所を保有すること（当該活動が全体として準備的又は補助的な性格である場合に限る）

(2) 駐在員事務所

駐在員事務所の活動は，日本本社への情報提供のように限定的なものであり，通常営業活動を行うことはありません。したがって，駐在員事務所はPEには該当しませんが，その活動がPEに該当するようであれば，PE認定されるリスクもあります。

駐在員事務所のコストは日本本社が負担しますので，経費明細を作成して日本に報告することになります。駐在員事務所の経費に課されたVATを還付することは可能です。

2 登記に必要な情報

支店，駐在員事務所の設立は，所定の届出書を商工会議所に提出することにより行われます。

日本の会社の支店，駐在員事務所は，法的には日本の会社の出張所ですので，日本の本社と支店又は駐在員事務所の代表者について，オランダ商工会議所に登記することになります。

支店，駐在員事務所の登記に必要な情報は，下記のとおりです。

(1) **日本の本社に関する事項**
① 必 要 事 項
- 正式名称
- 日本国法の下での設立でない場合はその管轄国
- 日本における登記番号
- 日本における登記上の住所及び営業上の住所
- 資本金
- 取締役全員に関し，氏名，自宅住所，国籍，生年月日，出生地，取締役就任日，代表権限の有無
- 一人株主に該当する場合はその旨

② 必 要 書 類
- 取締役全員分のパスポートのコピー（カラー・鮮明なもの，余白に直筆署名入り）
- 取締役全員分の「パーソナルデータカード」，アポスティーユ・公証（登記時点から1か月以内に発行のもの）
- 英語の会社定款のコピー（各ページ隅に権限を有する代表者の頭文字を入れる）
- 「現在事項全部証明書」（英語），アポスティーユ・公証（登記時から1か月以内に発行のもの）
- 「取締役会決議書（Board Resolution）」のコピー（英語，要署名），オランダ支店設立及び支店長の任命に関する決議書

(2) **オランダ支店，駐在員事務所に関する事項**
① 必 要 事 項
- オランダにおける名称・屋号
- インターネットドメイン名（すでにある場合）
- 支店の場合は営業開始日，駐在員事務所の場合は活動開始日
- 支店の場合は営業内容の概要，駐在員事務所の場合は活動内容

- 支店，駐在員事務所の従業員数（当初数にて可）
- 電話番号，FAX番号，Eメールアドレス
- オランダ支店，駐在員事務所の住所（未定の場合，トラストオフィス等の住所利用可）
- 上記以外の連絡先（ある場合）

② 必要書類
- 事務所の賃貸契約書のコピー，又はこれに類する書類（利用同意書等）

(3) **オランダ支店，駐在員事務所の代表者に関する事項**
① 必要事項
- 氏名
- 自宅住所（住所未定の場合，日本の自宅住所を登記し，住所決定次第変更するケースもある）
- 生年月日，出生地
- 国籍
- 職権の範囲（代表権の有無等）
- 支店，駐在員事務所の代表者の肩書（Branch Manager, Head of Branch Office等）
- 任命日

② 必要書類
- 支店，駐在員事務所の代表者のパスポートのコピー（カラー・鮮明なもの，余白に直筆署名入り）
- 支店，駐在員事務所の代表者の「パーソナルデータカード」，アポスティーユ・公証（登記時から起算して1か月以内に発行のもの）

Q9 COOP（組合）

オランダ民法に規定されているCOOPは，配当源泉税が課されないことから投資目的のSPCに利用されるケースが多いと聞きましたが，COOPとはどのような組織ですか。また，税務上のメリット，留意点について教えてください。

Answer

1　COOP

オランダ民法では，公証人手続によりCOOPとして設立された組合（Association）をCOOPとして定義しています。定款におけるCOOPの目的は，契約に基づく構成員の重要なニーズに合致するものでなければなりません。

COOPは，2名以上の出資者から構成される法人格を有する団体（組合）です。出資者は，団体との出資契約によりメンバーアカウントを有し，組合は稼得した利益をメンバーアカウントに割り当てます。メンバーの承認を条件として入退会が認められます。最低資本金に関する規定はなく，資本金をユーロで決める必要もありません。開示及び監査に関する規定内容は，NV及びBVと同じです。

COOPの利点は，①短期間に設立可能であること，②出資者に対する利益の支払いを柔軟に実施できること，③出資者の責任を定款で限定又は免責できること，④出資者に対する利益の分配が濫用防止規定に該当しない限り配当源泉税が課されないことです。

2　税務上のメリット，留意点

COOPからの配当には，一定の場合，配当源泉税が課されません。日蘭租税条約が改定され，BVから日本の親会社に対する配当源泉税が一定の場合非課税とされましたので，COOPが注目される機会は以前より少なくなりましたが，

BVから日本の親会社への配当源泉税が免除されるのは持株比率が50％以上の場合に限られており，50％未満の場合は配当源泉税が課税されます。COOPは，税務上の観点から濫用防止規定に該当しない場合には持株比率に関係なく配当源泉税が課されません。したがって，日本の親会社の持株比率が50％未満のときには検討の余地があるといえます。

　ただし，COOPが経済活動を行うことなく単に配当源泉税の節税目的に使用される場合には，濫用防止規定により源泉税がゼロとはならない可能性がありますので，留意が必要です。

（注）　2016年9月20日に公表された2017年タックスプランでは，COOPの参加構成員の持分が5％以上である場合には源泉義務が課されるとされていますが，日本のようにオランダと租税条約を締結している場合は免除されるようです。

　なお，濫用防止に該当しないかを，ルーリングによりオランダ税務当局に対して確認することが可能です。

2　持株会社

Q10　持株会社の意義，メリット

オランダに持株会社を設立することを検討していますが，持株会社にはどのような形態がありますか。また，持株会社の税務上のメリットについて教えてください。

Answer

　持株会社は，出資を通じて他の会社の経営に関与し，配当，キャピタルゲインによる投資資金の回収を目的とする会社です。持株会社には，投資目的の純粋持株会社と，事業活動を併せて行う事業持株会社があります。

　オランダ民法及び税法には，持株会社に関する特別規定はありません。持株会社の法的形態として非公開会社であるBVを採用する事例が多いようですが，法人格を有するCOOP（組合）が選択されることもあります。

　持株会社の税務上のメリットは，次のとおりです。
- 資本参加免税が適用されること
- 資本参加免税に関してオランダ税務当局に事前確認できること
- 日本の親会社に対する配当源泉税が一定の場合ゼロとなること

Q11 資本参加免税

オランダの資本参加免税とは、どのような税制ですか。また、資本参加免税の適用条件、資本参加免税が適用されない場合の税務上の取扱いはどのようになりますか。

Answer

1　資本参加免税

資本参加免税とは、受取配当及び株式譲渡益課税を非課税とする税制です。オランダでは、受取配当、株式譲渡益の100％が非課税とされます。

2016年の改正により、ハイブリッドローン、累積償還優先株式の利子又は配当が相手国の会社の課税所得から控除されている場合、資本参加免税は適用されないこととなりました（為替差益、キャピタルゲインは支払い側の損金算入とは関係がないため、対象外）。

2　適用条件

資本参加免税を適用するには、投資先の発行株式の5％以上を直接又は間接的に保有する必要があります。なお、希薄化等の理由で保有比率が5％を下回った場合には、その後3年間、資本参加免税の適用が認められる可能性があります。

また、投資先会社はオランダ税務上、課税法人（不透明）でなければならないとされており、現地で一定の課税を受けていることが必要です。さらに、動機テストを満たし、みなし資本に該当しない場合には、資本参加免税の適用が認められます。

(1)　**動機テスト**（motive test）

動機テストは、当該投資が単なる資産の運用ではなく、投資先とオランダ持株会社又は日本の親会社との事業上の関連を有することを意味します。動機テ

ストは主観的なテストですが，投資先とオランダ会社の機能，事業活動，役割などを分析することにより，投資動機をより客観的かつ明確にすることができます。下記のような場合には株式保有は単なる資本運用とはされず，動機テストを満たす可能性が高いといえます。

- 投資先会社の事業とオランダ会社の事業に関連性があること
- オランダ会社は事業に積極的に従事する会社の持株会社であり，グループ内で重要な機能を果たしていること
- オランダ会社は親会社の事業と子会社の事業を連結する機能を有する中間持株会社であること

(2) **みなし資本参加でないこと**

みなし資本参加に該当する場合として，下記のようなケースが挙げられます。

- 投資先会社の連結総資産の50％以上が，5％未満の株式所有（又は同等の投資）であること
- 投資先会社の連結ベースの事業活動の50％以上が，直接又は間接的にグループ会社に対する財務活動であること
- 資本参加会社の連結ベースの事業活動の50％以上が，グループ会社に対し資産を利用可能にするような活動であること（例えば，リースが該当する）

みなし資本参加に該当する場合，資本参加免税は適用されませんが，次に述べる「課税テスト」又は「資産テスト」のいずれかを満たせば，資本参加免税が適用されます。

(3) **課税テスト（subject to tax test）**

投資先国の税法とオランダ税法の差異調整を行った上で，課税所得及び税額を計算して実効税率が10％を超えると判断される場合，課税テストは満たされます。この場合，現地税法とオランダ税法を比較して，課税対象，税率，タックスホリデーの有無，課税所得の算定方法，配当課税，みなし控除，利子課税，欠損金控除などについて調整します。課税テストの結果，実効税率が10％を超える利益課税であると認められない場合，課税テストは満たされないことになります。

(4) **資産テスト**（asset test）

　課税テストを満たさない投資は，低税率ポートフォリオ投資と呼ばれますが，投資会社の資産が実際に事業に使用されているかどうかを個々に検討して，事業に使用されていると認められるときは，資本参加免税は適用されます。例えば，投資先が保有する不動産は事業に使用されている資産として取り扱われますが，グループ金融，リース資産は，事業に使用されている資産とはみなされません。グループ会社に対する受取債権のうち，通常の債権は事業資産とみなされます。事業に使用されていない資産が，投資先の連結総資産の50％を超えるときは，資産テストを満たしません。

3　資本参加免税が適用されない場合の取扱い

　資本参加免税の要件を満たさないとき，配当はグロスアップされ，オランダにおいて通常の法人税率により課税されます。また，資本参加免税の適用が受けられない外国子会社の25％以上の株式を保有する場合には，配当に関わらず留保利益の持分相当額をオランダ会社の課税所得に合算することになります。

　（注）　2016年9月に公表された2017年タックスプランでは，配当を受け取る法人が課税法人であるときは，資本参加免税が適用されない場合に課された配当源泉税と法人税を相殺することを認めるとされています。

【資本参加免税】

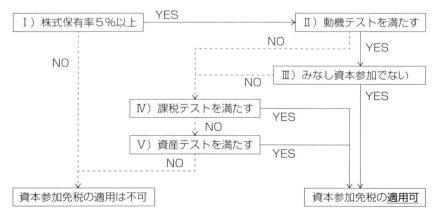

Q12 日本からオランダ会社に対する株式現物出資

日本の親会社が保有する株式をオランダ持株会社に現物出資することを検討しています。現物出資の会計処理，税務上の留意点について教えてください。

Answer

1 現物出資の会計処理

日本の親会社が保有する株式をオランダ会社に現物出資する場合，同一グループ内の株式移転であるため，オランダ会計基準では簿価移転が認められます。オランダ会計基準には「簿価」についての定義がなく，親会社の原始投資簿価がこれに該当すると解されています。従来必要とされていた出資資産である株式についての監査人の証明は不要とされました。

株式の現物出資は，オランダ会社の資本金又は資本準備金の増資として行われます。資本準備金の場合は公証人手続が不要であり，簡便的方法ですが，日本の税務との関連でオランダ会社が最低1株発行する必要がありますので，実務的には資本金と資本準備金増資の組み合わせとして行われています。

2 税務上の留意点

日本の親会社がオランダ会社に株式を現物出資する場合，株式譲渡に係るキャピタルゲインの課税権が問題になります。例えば，被現物出資法人がドイツ子会社である場合，日独租税条約により日本に課税権がありますが，フランス子会社の場合，日仏租税条約により，25％以上保有する株式の5％以上の譲渡（事業譲渡類似株式の譲渡）から生じる収益は株式発行法人の所在地国（フランス）において課税できるとされています。この場合，譲渡者の居住地国（日本）の税法が企業の組織再編に関連する株式譲渡益課税の繰延べを認め，かつ譲渡者居住地国（日本）の権限のある当局がこれを証明する場合，譲渡者の居

住地国（日本）において課税されると規定されています。実務的には，日本の税務当局から証明書を入手してフランス当局に提出することが行われています。

なお，日本の適格現物出資の要件は，①親会社が25％以上保有する外国関係会社の株式を現物出資すること，②日本の親会社がオランダ会社の株式を100％保有し，オランダ会社から現物出資法人に対して金銭等が交付されないこと，③現物出資後，親会社がオランダ会社の株式を100％継続保有することです。

子会社株式の現物出資により，当該子会社の株主は日本の親会社からオランダ会社に変更されます。現物出資された子会社の欠損金は，国によっては当該会社の株主が変更された時点で消滅することがあります。また，子会社が不動産を保有する場合，不動産移転税が課税されるケースもあります。さらに，子会社の株主変更に当たり，子会社所在地国政府の認可が必要とされる国もあり，現物出資の終了までにかなりの時間を要することもあります。したがって，株式現物出資を行う前に各国における税務上の取扱いに関して事前調査を行う必要があります。

Q13 子会社清算損の税務上の取扱い

オランダ持株会社の子会社を清算する際の損失は，オランダ持株会社の税務申告において，どのように取り扱われますか。

Answer

オランダ持株会社の子会社を清算する際の清算損失をオランダ持株会社の課税所得から控除できるのは，子会社の事業を清算後に当該所在地国において別の関係会社等に引き継ぐことがなく，かつ当該会社の25％以上の株式を清算前3年以上継続保有していた場合です。清算会社の事業が別の関連者等に継承されるときは，税務上損失控除が認められません。また，事業を第三者に譲渡し

た場合においても，第三者との資本関係等がある場合には損失控除できない可能性もあります。清算損失は投資額から清算配当を控除した額ですが，清算前に配当を受領しているときは，5年以内の配当を投資額から控除します。清算損失の損金算入時期は，損失確定時点です。

Q14　居住性，サブスタンス（実質）

最近，オランダ持株会社の居住性，サブスタンスに関する取扱いが厳しくなったと聞きました。投資目的のSPCを設立する場合，どのような点に留意する必要がありますか。

Answer

1　居住性

持株会社には，資本参加免税による受取配当非課税，租税条約による配当源泉税軽減などの税務上のメリットがありますが，これらを享受するには，オランダの居住法人である必要があります。オランダでは設立準拠法，管理支配地により居住性の判定が行われており，オランダ税務当局に依頼して税務上の居住証明書を入手することになります。

2　サブスタンス（実質）

サブスタンスとは，オランダ持株会社の管理が実際にオランダで行われており，設立目的が単なる配当，利子等の受払いではないことを意味します。

持株会社は資本参加免税の適用に関してオランダ税務当局に事前確認をすることが可能ですが，この場合，持株会社のサブスタンスが問われます。また，租税条約あるいはEU親子会社指令によりオランダ持株会社に対する配当源泉税が軽減される場合，子会社所在地国の税務当局からオランダ持株会社の活動，経済的便益の享受者であるかについて説明を求められるケースがあります。

サブスタンスとの関連で重要な点は，下記のとおりです。

① 投資目的のSPCの場合，トラスト会社をオランダ居住取締役として選任し，一定の権限を付与して，帳簿作成，各種議事録の作成，支払業務，銀行口座の管理などの管理業務を委託すること。トラスト会社の選任により，取締役に占めるオランダ居住取締役を最低50％とすること。

② 取締役会，株主総会をオランダで開催し，取締役，株主が会議に参加したことの証拠として，航空券，ホテルの領収書等を保管すること。

③ 新規投資に関する契約書の署名をオランダで行うこと（契約時にオランダで署名することが実際的でないときは，年次株主総会を開催する際に事後承認を取るようなことも考えられる）。

④ 持株会社に係る会計記録，帳簿等がオランダで作成され保管されていること。

⑤ 重要な銀行口座がオランダ国内に開設されていること。

このように，オランダ持株会社の管理及び重要な投資案件に関する意思決定がオランダで実際に行われていることが必要とされます。

Q15 配当及び中間配当に係る源泉税

オランダ持株会社から日本の親会社に対する配当源泉税の取扱いは，どのようになりますか。また，中間配当に関する取扱いについても教えてください。

Answer

1 配当源泉税

日本の親会社がオランダ会社の発行済株式の50％以上を配当確定時点まで6か月以上継続して保有する場合には，配当源泉税は免税となります。親会社のオランダ会社に対する株式保有割合が10％以上50％未満である場合，源泉税率

5％，株式保有割合が10％未満の場合，源泉税率10％が適用されます。配当には，通常配当，清算配当，みなし配当が含まれます。

なお，租税条約の軽減税率を適用する際は，オランダ税務当局に事前申請する必要があります。

2　中間配当

オランダ会社が中間配当を実施する場合，オランダ民法第2編では，中間貸借対照表を作成して配当原資の存在を証明することを要求しています。中間配当に関する源泉税については中間貸借対照表日を事業年度末とみなし，中間配当の確定時点で継続して6か月以上，発行済株式の50％以上を保有する場合，源泉税率0％が適用されると解されています。

Q16　みなし配当

日本の親会社とオランダ持株会社の取引に関して，オランダ持株会社から日本の親会社に対する「みなし配当」とされるケースがあると聞きましたが，これについて教えてください。

Answer

オランダ持株会社が保有する株式を日本の親会社に低額譲渡する場合，「みなし配当」が生じる可能性があります。関連者間取引は独立企業間価格（公正価値）であることを原則としますが，オランダ会社が親会社に株式を低額譲渡した場合，親会社に経済的利益が移転しますので，当該利益移転はオランダ会社から日本の親会社に対する配当とみなされます。日本の親会社のオランダ会社の持株保有割合が50％未満である場合，当該みなし配当に源泉税が課されます。

（注）　オランダ持株会社が保有する株式を日本の親会社に高額譲渡した場合，時価との差額は日本の親会社からオランダ会社に対するみなし出資とされます。

Q17　資本準備金の払戻し

オランダ持株会社から日本の親会社に対して、資本準備金を払い戻すことは可能ですか。また、税務上、どのような留意点がありますか。

Answer

オランダ持株会社が日本の親会社に対して、資本準備金（Share premium）を払い戻すことは可能です。

オランダ会計基準では、資本準備金とは「発行株式の額面金額を超過する出資者による払込み額で株式発行を伴わないもの」と規定されています。資本準備金は法的準備金ではありませんので、親会社に払い戻すことが認められます。

利益剰余金を有する会社が資本準備金を払い戻す場合、法的には資本取引に該当しますが、税務上利益剰余金を配当したものとみなされ、持株割合によっては日本に対する配当に源泉税が課税されることがありますので、留意する必要があります。

Q18　配当源泉税に係る３％控除

資本参加免税が適用される場合、受取配当に課された外国源泉税は税額控除されませんが、この場合の救済措置として、オランダ持株会社が株主に配当を行う際に、当該支払配当にオランダで源泉税が課されるときは、一定条件を満足すれば、当該源泉税から受取配当の３％を限度として控除することが認められると聞きました。これについて教えてください。

Answer

　オランダ持株会社が受け取る配当に資本参加免税が適用され，かつ当該配当に源泉税が課税される場合の救済措置として，オランダ持株会社が株主に配当する際，当該支払配当にオランダで源泉税が課されるときは，一定条件を満足すれば，受取配当の3％を支払配当源泉税から控除することが認められます。

　この支払配当源泉税の控除は，オランダ持株会社に与えられる経済的便益です。控除額は受取配当の3％を限度としますが，受取配当の全額がオランダ会社から親会社に配当されないときは，持株会社が実際に配当した額の3％が控除額とされます。

　手続的には，支払配当源泉税の控除を税務当局に申請した上で，持株会社は3％控除後の源泉税額を納付することになります。例えば，オランダからの配当源泉税率が5％の場合，支払配当額の2％（5％-3％）を源泉税として税務当局に支払います。3％相当額はオランダ会社の利益となりますが，法人税は課されません。

　3％源泉税控除を適用するための条件は，下記のとおりです。

- 受取配当に対して資本参加免税が適用されること
- オランダと租税条約を締結している国に子会社があり，少なくとも配当に対し5％の源泉税が課され，かつオランダ会社が直接又は他のオランダ関係会社と配当支払会社の発行済株式の25％以上を保有すること
- 配当受領年度，又は遅くとも2年以内に配当が支払われること
- 支払配当にオランダ源泉税が課されること

Q19 配当に対する濫用防止規定の適用

オランダ持株会社からの配当に対して、濫用防止規定が適用されるケースがあると聞きましたが、どのような場合でしょうか。

Answer

濫用防止規定は、配当受領会社が配当に係る最終受益者である場合のみ、配当源泉税の還付、税額控除、源泉税の軽減等の恩典を受けられるというルールです。

例えば、日蘭租税条約では、日本の会社がオランダ会社の発行済株式の10％以上50％未満を保有し、かつオランダ会社に利益剰余金がある場合、オランダ法人からの配当には5％の配当源泉税が課されますが、親会社がオランダ会社の株式を英国子会社に現物出資して、オランダから英国経由で日本の親会社に配当を支払うときは、オランダ、英国の両国において配当源泉税は課税されないことになります。このような場合には、英国会社は配当に対して最終受益者ではなく、租税回避を目的としていると解され、濫用防止規定が適用される可能性があります。

---

column　米蘭租税条約の留意点

日本企業がオランダを経由して米国投資を行う場合、米国会社からの配当に対し米蘭租税条約の恩典を受けられないときは、米国で30％の源泉税が課されます。反対に、米国会社がオランダ会社から配当を受ける場合、租税条約に規定する軽減税率の適用を受けられないときは、15％の源泉税がオランダで課される可能性があります。

米蘭租税条約では、一定要件を満たす子会社からの配当に関する源泉税を免除することとされていますので、源泉税免除のための条件について、詳細な検討が両国において必要になります。

Q20 持株会社のVAT

持株会社の場合，VAT登録は必要ですか。

また，持株会社に対してVATがリバースチャージされるのはどのような場合でしょうか。

さらに，持株会社がVAT法上課税法人であることについてルーリングを取得できるようですが，これについても教えてください。

Answer

持株会社が経済活動を行わない場合，VAT法上の課税事業者には該当しませんので，原則としてVAT登録は必要とされません。

ただし，オランダ持株会社が日本の親会社等から一定のサービス提供を受けた場合には，当該サービスに対するVATをオランダ持株会社が申告しなければならない場合があります。これは「リバースチャージ」と呼ばれています。

親会社又は第三者が発行したサービスに係るインボイスを受領した場合，持株会社がVATを申告する必要があるかは個々の状況により異なりますが，弁護士，会計士など専門家のサービスについては，持株会社が課税法人であるか，非課税法人であるかに関係なく，請求書記載額の21%相当額のオランダVATを申告することになります。

持株会社が子会社管理，グループファイナンスなどの経済活動を行い，VAT法上課税法人である場合，親会社からの請求書を受けた時点でオランダVATを申告します。持株会社が，子会社株式の50%超を保有し，実際に管理活動を行う場合には，オランダ税務当局からVAT法上課税法人のステイタスに関するルーリングを取得できます。持株会社がVAT法上課税法人である場合，インプットVATはアウトプットVATと相殺されますが，非課税法人である場合，サービスに関するインプットVATは還付されずに持株会社のコス

トになります。また，持株会社がEU外のグループ会社に対して貸付を行うなど金融活動を行う場合，部分的にVATが還付される可能性があります。

このように，持株会社に関するVATの取扱いは非常に複雑ですので，専門家のアドバイスが必要です。

オランダ税務当局は，持株会社に対する税務調査において，持株会社の活動との関連でVAT還付の妥当性，控除可能なVATの額を確定するための配分方法などを重点的に調査しています。

Q21 グループ内サービス提供

サブスタンス強化の観点から，持株会社からグループ会社に対するサービス提供を行うことを検討しています。グループ内サービスに関する税務上の留意点について教えてください。

Answer

持株会社がグループ会社に一定の役務を提供し，対価として報酬を受け取ることがあります。対価は，持株会社の活動，役務の内容，コスト等を分析して決定されます。持株会社が提供するサービス及びそのコストは，以下の三つに分類されます。

① 特定の会社に対するサービス及びコスト（サービスチャージ）

特定の会社に対するサービスは，当該会社に対して独立企業間価格に基づく対価を請求します。独立企業間価格とは，独立の第三者が当該サービスに対して支払う対価です。サービス対価の決定方法として，コストプラス法（実際のコストに一定のマークアップ率を適用する方法）が，独立企業間価格とされることがあります。マークアップ率は，ベンチマーク調査により決定されます。

② グループ全体の管理, 調整に関するサービス提供及びコスト（マネジメントサービス）

　経営支援契約に基づき持株会社がグループ会社にサービス提供を行う場合には, グループ各社に対しマネジメントフィーを請求します。グループ会社のマネジメントには, 管理, 技術, 財務, 法務, 予算, 請求書発行, 債権管理, 企画, 従業員教育のようなサービス全般が含まれます。OECD移転価格ガイドラインでは,「比較可能な状況にある独立企業が当該活動に進んで対価を支払うか, 又は自己の便益のため自らその役務提供を行うかにより, グループ内役務提供の有無を判定する」とされています。持株会社は, グループ会社に対して管理サービスを何時でも提供できる体制を有することが重要です。そうでなければ独立企業が対価を支払ってサービスの提供を受けることはありません。マネジメントフィーの請求基準には, 売上高, 従業員数, その他がありますが, サービスの内容, 機能, コストの種類などに応じて最適な方法を一貫して選択適用することになります。

③ 持株会社の運営, 株主等に対する財務報告及びコスト（株主費用）

　持株会社の運営に要するコスト, 株主等に対する財務報告に係る費用はグループ会社に請求することはできませんが, 株主費用の範囲について, 2013年に公表された移転価格通達では狭く解釈されています。

　グループ内サービス提供は税務調査の対象になりやすく, 留意が必要です。各国税務当局は, グループ内サービス提供, コストリチャージが税務管轄内での税基盤を浸食するリスクがあるという昨今の国際税務の状況に大きな懸念を示しています。グループ内サービス提供取引は, 移転価格リスク, グループ会社の所在地国での損金算入可能性などの税務問題と関連するため, 機能, リスク分析を行い, ベンチマーク調査によるサービス対価の妥当性に関する文書化を行い, 移転価格方法を一貫して適用する必要があります。

　なお, オランダ税務当局と移転価格に関する事前確認を行うことは可能です。

3 金融会社

Q22 グループ金融会社

オランダにはグループ金融会社が多数設立されていると聞きました。税務上，グループ金融会社はどのように定義されていますか。また，グループ金融会社の銀行借入が親会社からの借入とみなされることがあるようですが，どのような場合ですか。

Answer

1 グループ金融会社

グループ金融会社は，オランダの移転価格通達において，「グループ会社間の利子の受払いを主たる業務（70％以上）とする会社である。」と定義されています。

グループ会社とは，グループ金融会社及び他の関係会社の総称ですが，他の関係会社とは，次のような会社のことです。

- 金融会社が，直接，間接に3分の1以上の持分を有する会社
- 金融会社の3分の1以上の持分を有する会社
- 他のグループ金融会社及び上記会社の兄弟会社

金融会社の70％以上の業務がグループ会社間取引に該当するかどうかは，一定期間又は一定時点における個々の状況に応じて決められます。

2 親会社保証の取扱い

　グループ金融会社が，銀行借入により資金調達し，他のグループ会社に転貸する場合，親会社から銀行への支払保証又は担保提供によって借入可能限度額が増加したようなときは，当該増加額をグループ会社からの借入金とみなされる可能性があります。親会社保証による借入増加は，自己の信用に基づく借入ではなく，親会社の信用による借入であり，親会社からの借入とされる可能性があります。

Q23 グループ金融会社の実質要件，リスク要件

　APA（事前確認）の際にグループ金融会社に求められる実質要件及びリスク要件について教えてください。
　また，一定のグループ金融会社は，法人税申告書の作成時に実質要件について宣誓する必要があると聞きましたが，どのようなものですか。

Answer

　グループ金融会社がオランダ税務当局にAPA（事前確認）を申請する際は，原則として実質要件，リスク要件を満たすことが前提条件となります。

1　実 質 要 件

- 取締役の少なくとも半数はオランダ居住者であること
- オランダ居住取締役は職務遂行に必要な専門的知識，職務権限を有すること
- 取引実行に必要な従業員を有すること
- 経営の意思決定がオランダでなされていること
- 主要銀行口座がオランダにあること

- 会計帳簿がオランダで作成されていること
- 事業上の住所がオランダにあること
- 他国における税務上の居住者とみなされないこと
- 業務遂行に必要な最低資本を有すること

2　リスク要件

　グループ金融会社のリスクとして，信用リスク，貸倒リスク，為替リスク，市場金利リスク，営業リスク，法務リスクなどがあります。

　リスク要件で重要なことは，グループ金融会社がこのようなリスクを吸収するための十分な資本を有していることです。十分な資本とは，税務上の資本が，貸付金残高の１％又は２百万ユーロのいずれか小さい額と同額以上であることとされています。この場合の資本は税務上の資本であり，資本金，資本準備金，利益剰余金以外にみなし資本等も含まれます。

　例えば，グループ金融会社がグループ会社Ｘに100百万ユーロを貸し付けるに当たり，金融会社の資本金は1.5百万ユーロ，残りの98.5百万ユーロをグループ会社Ｙから借り入れるとします。金融会社の親会社Ｐは，Ｙに対し債務保証を行い，Ｘが返済不能になった場合，親会社ＰがＸに代わり債権者Ｙに対し返済するとします。この場合，金融会社は自己資本1.5百万ユーロの範囲でリスクを負うことになり，貸付金残高の１％である１百万ユーロ以上の資本であることから，リスク要件は満たされます。

　リスク要件を充足しない場合，オランダ会社は金融サービス会社とみなされ，金融に係るハンドリングチャージが課税所得とされます。この場合，受取利子に課された源泉税は税額控除できないことになります。

　実質要件，リスク要件を同時に充足しない場合，原則として移転価格に関する事前確認は行われませんが，リスク要件を満たさなくとも実質要件を満たし，かつ取引相手国の税務当局に対する情報開示に同意するときは，事前確認されることもあります。この場合，当該開示情報が会社の機密事項に該当しないかどうか検討する必要があります。オランダとの間に租税条約が締結されていな

い国との情報交換には特に慎重な対応が必要です。

3 法人税申告書における宣誓

　2014年の税制改正により，バックトゥバック（Back to back）の金融・ライセンスを主要業務（70％以上）とする金融会社等は，法人税申告書において実質要件に関し宣誓しなければならないとされました。実質要件を満たさない場合，オランダ税務当局から取引相手国の税務当局に対して情報開示されることになります。相手国の対応次第では，源泉税の軽減税率の適用に影響する可能性がありますので，留意が必要です。

Q24　キャッシュプーリング

　当社は，オランダ金融会社においてキャッシュプーリングを行うことを検討しています。キャッシュプーリングのメリットと方法，税務・会計上の留意点について教えてください。

Answer

1　メリット

　キャッシュプーリングは，グループの利子負担の軽減，資金の社外流出防止，運転資本の改善を目的として導入されますが，グループ全体の資金ポジションを容易に把握できるというメリットもあります。いわゆる「社内銀行」の創設を意味し，グループの余剰資金を金融会社が借り入れ，資金需要会社へ貸し付けます。外部借入をグループ借入に切り替えることで，グループ内の資金効率を向上させることができます。

2　方　　法

　キャッシュプーリングの方法として，ゼロバランス・プーリング，ノーショ

ナル・プーリングがあります。

ゼロバランス・プーリングでは，毎日（又は指定期間），資金余剰会社の銀行口座から自動的にマスター口座へ送金，マスター口座から資金需要会社に対して資金送金され，銀行残高はゼロとなります。グループ会社の銀行残高がゼロとなりますので，銀行口座に対し利子が支払われることはありません。銀行はマスター口座に対して利子を支払います。

ノーショナル・プーリングはゼロバランス・プーリングと異なり，各社の銀行残高は単に利息計算目的のために集計されるのみで，預金残高を実際に移動させることはありません。銀行は各社の銀行残高に対して利子を支払います。

3　税務・会計上の留意点

オランダ金融会社がマスター口座を保有する場合，オランダ会社と参加会社との間に資金貸借関係が生じることになります。関連者間貸付のスプレッド又はプーリングベネフィットの配分は移転価格の観点から検討され，機能，リスク分析に基づく独立企業間取引であることが必要です。理論的には，グループ内金利がマスター口座保有会社の調達金利を上回り，かつ参加会社の現在の調達コストを下回れば，マスター口座保有会社の所在地国及び参加会社の所在地国の双方で合理的な形になります。

2004年以降，EU内の一定の条件を満たすグループ会社間の利子源泉税について，利子，ロイヤルティ指令が適用されています。

例えば，オランダ金融会社がEU加盟国会社の発行済株式の25％以上を保有し，オランダ会社が自らの目的のために利子を受け取り，オランダにおける税務上の居住証明を利子源泉地国に提出できる等の条件が充足される場合，支払利子には源泉税が課されません。しかし，キャッシュプーリングに参加するイタリア，フランス子会社が借入ポジションの場合，オランダ会社に対する支払利子に源泉税が課税される可能性があります。プーリング参加会社からオランダ金融会社に対する支払利子に源泉税が課されるときは，オランダ金融会社において一定の税額控除が認められます。2013年，オランダでは過少資本税制が

廃止されましたので、金融会社の利子控除に制限はありません。

　ゼロバランス・プーリングの場合、グループ会社間の債権債務の相殺は可能ですが、ノーショナル・プーリングの場合は別途検討する必要があります。

　キャッシュプーリング導入時の検討事項として、プーリングの方法、税務問題、会計処理、各国銀行規制、法的規制等が挙げられます。また、キャッシュプーリングについては移転価格文書を作成する必要があります。

【キャッシュプーリング】

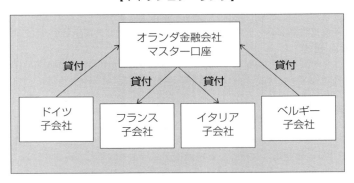

> **column** 持株会社設置国の比較（オランダ，英国，ドイツ）
>
> (1) **配当源泉税**
> 　オランダから日本に対する配当源泉税は，日本の会社がオランダ会社の発行株式の50％以上を保有する場合，免除されます。英国から日本への配当源泉税は，持株比率に関係なくゼロです。ドイツは2017年以降，日本に対する配当源泉税が一定の場合ゼロになる予定です。
>
> (2) **資本参加免税**
> 　オランダ，英国では一定条件を満たす場合，受取配当金，株式譲渡益の100％が非課税とされるのに対し，ドイツでは95％が非課税とされます。オランダでは，資本参加免税に関するルーリング（ATR）を取得することが可能です。
>
> (3) **法人税率**
> 　オランダの法人税率は25％，英国は20％（2016年）から17％（2020年）に引き下げられる予定です。ドイツの法人税率は15％ですが，営業税率を加えた税率は約29％になります。
>
> (4) **英国のEU離脱**
> 　2016年6月，国民投票により英国民はEU離脱を支持しました。この結果，英国に適用されているEU指令（親子会社指令，利子，ロイヤルティ指令，合併指令），VAT指令は将来適用されなくなる可能性があります。また，現在英国はEU参加国として共通関税を適用していますが，今後のEUとの交渉結果次第では適用されなくなる可能性があります。さらに，EUと自由貿易協定（FTA）を締結している国々との間で，英国はFTAの再締結が必要になります。
> 　いずれにせよ，今後のEUと英国，英国と第三国の交渉過程を見守る必要があります。

第3章

法人税に関するQ&A

● Point ●

　第3章では，オランダの法人税に関連して，税率，納税義務者，申告手続，課税所得の算定，連結納税，水平的モニタリング制度，事前確認制度，移転価格税制，日蘭租税条約などを取り上げています。

　移転価格税制に関連して，BEPS行動13により，移転価格文書はマスターファイル，ローカルファイル，国別報告書に区分して作成されることになりましたが，オランダは2016年1月から三層構造アプローチを導入しています。日本における適用時期は2016年4月1日開始事業年度からであり，適用時期が異なりますので，留意が必要です。

　最近，オランダも含め欧州各国で移転価格に関する税務調査が増える傾向にあります。税務調査対応として，移転価格文書の作成，アップデートが重要です。

1 法 人 税

Q1 法人税率，課税事業者，繰越控除及び繰戻還付

オランダの法人税率，課税事業者，繰越控除及び繰戻還付について教えてください。

Answer

1 法人税率

オランダの法人税率は25％です（200,000ユーロまでの課税所得には軽減税率（20％）を適用）。国税以外の地方税はなく，外国法人のオランダ支店にも同じ税率が適用されます。

(注) 2017年タックスプランでは，軽減税率（20％）が適用される課税所得について，2018年に250,000ユーロ，2020年に300,000ユーロ，2021年に350,000ユーロに改正される予定です。

【税率】

- 法人税率（article 22, CITA）

課税所得	法人税率
0 － 200,000ユーロ	20％
200,000ユーロ超	25％

- イノベーションボックス　　5％
- 源泉税率
  - 配当源泉税　　　　　　15％（日蘭租税条約により0％）
  - 利子源泉税　　　　　　0％
  - ロイヤリティ源泉税　　0％
- 印紙税（stamp duty）はない

2 課税事業者

オランダ居住法人及び外国法人のオランダ支店は、課税事業者となります。オランダ居住法人はオランダ法に基づき設立された法人ですが、これには外国法人の子会社も含まれます。したがって、日本企業のオランダ子会社は課税事業者となります。また、オランダから外国会社の管理支配が行われている場合、当該外国法人はオランダ居住法人として取り扱われることがあります。

オランダ居住法人は全世界所得に対して課税されますが、オランダ支店は不動産所得及びオランダ源泉所得についてのみ課税されます。

3 繰越控除及び繰戻還付

欠損金の繰越控除は9年、繰戻還付は1年です。

---

column 税務上の居住地の移転

オランダから他国へ、税務上の居住地の移転が行われることがあります。居住地を移転した場合、会社法上はオランダ法人として取り扱われますが、税務上は他国の居住法人として取り扱われることになります。

税務上の居住地を移転しても、会社法上はオランダ法人であり、オランダ会社法に基づき年次報告書をオランダ商工会議所において開示する必要があります。居住地移転に関する法的手続としては、オランダ会社の株主総会において居住地移転に関する決議を行い、取締役会において他国における事務所開設、銀行口座開設等を決議します。

居住地移転に伴い、資産及び負債が公正市場価格により譲渡されたとみなされ、隠れた利益、営業権等に対する出口課税が行われる可能性があります。オランダ法人が居住地移転後に日本の親会社に配当する場合、税務上は他国から日本に対する配当とみなされ、当該国と日本の租税条約が適用されることになります。

第3章 法人税に関するQ&A

Q2 損失控除に関する制限

税務上の繰越損失について、損失控除が制限される場合があると聞きましたが、どのようなケースですか。

Answer

オランダでは税務上の損失は9年間の繰越控除が認められますが、次の場合には損失控除について制限されます。

すなわち、持株、金融活動を主たる活動（90％以上）とするオランダ会社が、その他の事業を開始し、当該利益と過去の持株活動から生じた損失を相殺する場合です。

この場合、税務当局から合理的な説明を求められる可能性があります。また、利益の見込める事業を移転して繰越損失と相殺することを意図していると認められるときも、否認される可能性があります。さらに、繰越損失を保有する会社の30％を超える持分が変動した場合も、持分の変動理由によっては損失控除が制限されることがあります。

損失控除に関しては、オランダ税務当局に事前確認することもできます。

Q3 源泉税に係る税額控除制度

オランダ会社の受取配当、利子、ロイヤルティに源泉税が課税された場合、税務上の取扱いはどのようになりますか。

Answer

1　受取配当に係る源泉税

資本参加免税が適用される受取配当に課された源泉税は配当が非課税とされ

るため,税額控除することは認められません。資本参加免税が適用されない受取配当は通常の法人税率により課税されますが,グロス配当の5％相当額を「みなし税額控除」することが認められています。

2 受取利子,ロイヤルティに係る源泉税

オランダ会社が受け取る利子,ロイヤルティは,オランダで課税されます。これに対して源泉地国でも源泉税が課されると,二重課税となります。

したがって,二重課税を回避するために当該源泉税はオランダ法人税から控除することが認められます。ただし,源泉税額又は受取利子に対する法人税額のいずれか小さい額が限度額となります。限度超過額は繰越控除できませんが,損金算入することが認められます。ロイヤルティについても同様の取扱いとなります。

Q4 イノベーションボックス課税,適格研究開発税制

イノベーションボックス課税の適用がある場合,法人税が軽減されると聞きました。また,研究開発部門の従業員の賃金税にも優遇税制があると聞きました。これらの税制はどのようなものですか。あわせて,税務上の留意点があれば教えてください。

Answer

1 イノベーションボックス課税

イノベーションボックス課税は,納税者の研究開発促進に資するように,従来のパテントボックス課税を改正した優遇税制です。

イノベーションボックス課税では課税所得の80％相当額を控除できますので,法人税率が25％の場合,実効税率は5％となります。イノベーションボックス課税を適用する際の条件は,下記のとおりです。

- パテント等の無形資産は，納税者自身が開発したものであること（親会社から購入した無形資産，ブランド，商標権等は対象外）
- 製品販売益の相当部分が，パテント等の無形資産に由来していること
- 2007年12月以降の適格研究開発の結果取得した無形資産であること

　パテント等を取得してイノベーションボックス課税を適用する場合，例えば，過年度の開発費を1,000，パテント収入を年間500（12年間，合計6,000）とします。当初２年間のパテント収入（1,000）に対して適用される法人税率は25％，３年目からのパテント収入に対する実効税率は５％となります。

　イノベーションボックス課税を適用するには，オランダ税務当局からの承認又はオランダ政府から発行される適格研究開発証明が必要です。

2　適格研究開発の賃金税控除

　オランダでは，適格研究開発に該当する場合，研究開発部門の従業員の賃金税について一定の控除が認められています。2015年の賃金税控除は，適格研究開発に従事する従業員について，250,000ユーロまで35％，これを超える部分について14％，最高限度額は14百万ユーロとされていましたが，2016年の賃金税控除は，350,000ユーロまで32％，超過額については16％とされ，適用限度額は廃止されました。

　日本企業の場合，日本の親会社が無形資産を保有し日本国内で研究開発活動を行うケースが多く，海外の研究開発優遇税制を活用する機会は少ないようですが，海外企業の買収に伴い，無形資産及び研究開発機能を取得するケースも見受けられます。

3　税務上の留意点

　これらの優遇税制を適用するとオランダ会社の実効税率が低下しますので，日本のタックスヘイブン税制に留意する必要があります。オランダ会社が適用除外基準を満たさない場合，日本で合算課税されることになります。

　また，BEPS行動５（有害な税制上の慣行に関する最終報告書）では，IP（知的財

産）優遇税制の取扱いについて述べています。今後の実務的な影響として，外部委託研究以外の関連者に対する委託研究開発は，優遇措置の減少に繋がる可能性があります。

（注） 2017年タックスプランでは，イノベーションボックス課税の適用を受けるには適格研究開発証明の入手とパテントの取得が必要とされており，適用範囲に関する取扱いが厳しくなる予定です。また，課税所得の計算において，BEPS行動5最終報告書で述べられている「ネクサスアプローチ」が適用される見込みです。
なお，2016年7月1日以前については現行規定が適用されますが，移行措置は2021年7月1日をもって終了する予定とされています。

Q5 税務上の機能通貨

オランダの法人税申告において，ユーロ以外の機能通貨を使用することができると聞きました。税務上の機能通貨について教えてください。

Answer

オランダでは，ユーロ以外の通貨を機能通貨として選択して税務申告を行うことが認められます。

税務上，機能通貨を使用するには，オランダ税務当局に対し適用申請する必要があります。機能通貨の使用が認可されると，財務会計にも同じ外国通貨を適用することになります。例えば，米ドルを機能通貨とする場合，米ドルを機能通貨として決算を行い，必要な申告調整を行った上で算出したドル建の税額を納付時にユーロに換算して納付します。

また，税務上，機能通貨は，最低10年間適用する必要があります。外国支店においても同じ機能通貨を使用します。

Q6　法人税申告手続

オランダでは，法人税の申告書はいつ提出すればよいですか。

Answer

　税務年度は，会社の定款に規定されている事業年度と同じです。3月決算会社は，当該3月決算に基づき税務申告します。

　法人税申告書は決算日後5か月以内に作成する必要がありますが，税務当局に延長申請を行うことにより，申告期限の延長が最長11か月認められます。3月決算会社の場合は翌年の8月1日，12月決算の場合は翌年5月1日まで（申告書作成期間5か月＋延長期間11か月）に申告書を提出することになります。ただし，決算日から6か月を経過した時点（3月決算の場合10月1日，12月決算の場合7月1日）から納税利子（8％程度，四半期毎に設定）が課されます。特別な事由がある場合には追加の延長申請が認められる場合もあります。

Q7　法人税査定書

オランダでは，税務当局から発行される査定書に基づき法人税を納付すると聞きました。査定書の発行時期，納税手続及び査定書に同意できない場合の対応について教えてください。

Answer

　オランダでは，日本のような申告納税方式ではなく賦課決定方式が採用されており，税務当局から納税者に対して査定書が発行され，税額が通知されます。これに対して異議がなければ，納税者は税額を納付することになります。

　税務年度開始後1か月経過した時点で，最初の予備査定書（Preliminary

Assesment）が税務当局から発行されます。予備査定書には，過去2年間の平均利益に物価係数による調整を行って算定した税額が記載されます。税額は分割納付又は一括納付により支払われますが，一括納付の場合，支払割引を受けられます。

　税務年度終了後，納税者が電子申告をすると，税務当局は最終税額を決定し最終査定書（Final Assesment）を発行します。税務年度の終了時点から3年以内（申告書の提出期限を延長した場合は当該期間を考慮）に最終査定書は発行されます。納税者は最終査定書に記載されている金額を確認し，追加支払いがあれば納税利子と併せて2か月以内に納付します。既納付額より少ない税額で確定した場合，8週間以内に還付されます。

　納税者が申告書を提出しないときは，税務当局が決定した査定額に基づき任意査定書が発行されます。

　最終査定書発行後，税務調査官（タックスインスペクター）が知り得なかった事実が判明した場合，追加査定書が発行されることがあります。過少申告のペナルティーは追加税額の100％を限度としますが，過少申告の内容により，25％から50％に減額されます。

　予備査定書，最終査定書に記載された税額等に同意できない場合，納税者は，査定書発行日より6週間以内に税務当局に対し異議申立てを行うことができます。税務当局は納税者からの異議申立てに対して，原則として13週間以内に決定通知します。納税者が税務当局の異議決定通知に不服である場合，6週間以内に下級裁判所に対して不服申立てを行います。下級裁判所の決定に納税者が不服である場合は控訴裁判所に控訴することができ，控訴裁判所の決定に不服である場合は最高裁判所に上告することができます。

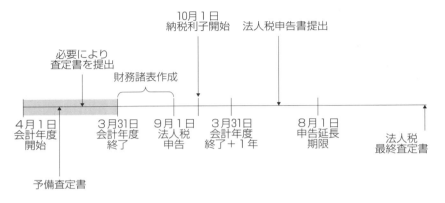

Q8 水平的モニタリング制度

オランダでは「水平的モニタリング制度」が導入されていると聞きましたが、どのような制度ですか。

Answer

　水平的モニタリング制度（Horizontal monitoring）は2005年から導入されており、税務当局が納税者の税務リスク管理に関する内部統制（タックスリスクコントロールフレームワーク）の有効性を確認した上で、両者が任意にモニタリングの内容に関して契約を締結して、納税者から当局に対して重要な事実が生じたときは開示し、結果として税務調査が省略される制度です。

　水平的モニタリング制度は、納税者とオランダ税務当局の信頼関係、相互理解に基づくものであり、会社の税務ポジションに確実性がもたらされ、最終査定書が通常より早く発行されるなどの利点があります。また、税務に関する重要な問題が発生したとき、税務当局から適時に税務の取扱いに関するコメントが出され、クロスボーダーの税務問題が生じたときは、オランダ税務当局が対

応的調整に応じるケースもあります。

　一方、納税者にとって不確定な重要事象が生じた場合、その内容を税務当局に対し適時開示する必要があり、一定水準以上の信頼できる税務管理体制の構築に費用と時間を要するなどの不利な点もあります。

　オランダ税務当局とモニタリングに関する合意を行う税目については、選択が可能です。例えば、賃金税、所得税だけを対象とし、適正な申告に関してオランダ税務当局と合意することにより、「13か月目」の給与計算時に追加的に全ての申告を行い、その後の給与計算において追加の納税・還付等が生じないようにします。この場合、駐在員の所得税申告書の提出は不要となりますので、駐在員が多い会社は事務負担の軽減の観点から検討の余地があるといえます。

Q9　財務会計と税務会計

　オランダでは、財務会計と税務会計とはどのような関係にありますか。また、税務上の費用控除に関する基本的な取扱いについて教えてください。

Answer

　法人税の課税所得は基本的に年次決算書に基づいて計算されますが、財務会計と税務会計では目的、計算方法などが異なり、財務会計で採用された会計処理方法が税務申告においてもそのまま適用されるとは限りません。例えば、建物の減価償却は、税務上の簿価がWOZ評価と呼ばれる不動産価値法に基づく評価額を超える場合に可能とされています。

　法人税法では、「健全なビジネス慣行」により各事業年度に収益と費用を適当に配分し、課税所得を算定すると規定されています（article 3.25 ITA）。「健全なビジネス慣行」に関する明確な定義は税法には規定されていませんが、オランダ法人税法、オランダ会計基準、判例法などが含まれると解されています。

「健全なビジネス慣行」に関する原則として，期間帰属の原則，保守主義の原則，重要性の原則（小規模企業は簡易ルールが適用できる）などがあります。特定の評価方法を選択適用した場合には，継続適用が要求されます（article 3.25 ITA）。

原則として事業に必要な費用は所得から控除することが認められますが，罰金又は反則金は控除できません。利子については控除制限規定が適用されることがあります。移転価格税制における独立企業間価格を超える費用，又は直接，間接に株主，あるいは関連者の便益に寄与する費用は，課税所得から控除できません。ロイヤルティ，サービスフィーは，独立企業間取引である限り控除可能です。飲食を伴う会議費に関しては，後述する混合費用（Mixed expense）に留意する必要があります。

Q10 棚卸資産の評価方法

オランダ法人税における棚卸資産の評価方法について教えてください。

Answer

棚卸資産の評価方法として，原価法，時価法などが選択適用できますが，これ以外の評価方法も健全な実務慣行として認められており，継続適用される場合には容認されることがあります。後入先出法，基準棚卸法は，適用条件を満たせば適用が認められます。

Q11　法人税法上の準備金

オランダ法人税において積立てが認められる準備金について教えてください。

Answer

オランダ法人税法では，平準化準備金又は再投資準備金の計上が認められています。平準化準備金は，将来の事業年度の費用支出が大きく変動することが予想されるときに計上されます。例えば，船舶の維持，点検費用，年金費用，保証費等がこれに該当します。

再投資準備金は，いわゆる圧縮記帳準備金に相当するものです。一定条件を満たす有形資産の処分から生ずる会計上の利益を繰り延べ，買換資産の取得価額と相殺します。代替資産は，再投資準備金を計上した時点から3年以内に取得される必要があります。代替資産が取得されないときは，再投資準備金は取り崩されて課税所得に含められます。代替資産の減価償却期間が10年以上，又は非償却資産である場合，代替資産は売却資産と同一の経済的機能を有する資産でなければなりません。

Q12　長期外貨建債務に係る為替差額の取扱い

オランダ法人税における長期外貨建借入金に係る為替差額の取扱いについて教えてください。

Answer

税務上，長期外貨建借入金に係る為替差益については，実現する時点まで繰延べが認められます。これに対し，長期外貨建借入金に係る為替差損は，未実

現分も含めて課税所得から控除されます。

Q13 固定資産の減価償却

オランダ法人税における固定資産の減価償却の取扱いに関して、建物、車両及びコンピューターについて教えてください。

Answer

　固定資産の減価償却は、原則として定額法によります。償却可能限度額は、取得原価に取得に直接要する費用を加算し、残存価額を控除した額となります。会計上、残存価額をゼロとする場合は申告調整が必要です。期中取得資産については、見積経済耐用年数を償却期間として計上した年間償却額を期間按分した額を損金計上します。

　建物に係る税務上の減価償却は、建物の帳簿価額が地方自治体から公表される"WOZ評価"を超過する場合には認められます。WOZ評価は不動産価値法に基づく評価額ですが、土地評価額も含まれます。また、自社使用建物（納税者又は法人税法10aの関連会社が使用する資産）についてはWOZ評価の50％相当額を帳簿価額から控除するのに対し、賃貸用建物についてはWOZ評価の100％相当額を控除します。車両及びコンピューターの償却期間は、5年以上とされています。

Q14 借入金利子の取扱い

借入金利子は、どのような場合に損金不算入とされる可能性がありますか。

Answer

借入金利子が下記に該当する場合，損金不算入とされる可能性があります。

① オランダ会社又はその関連者から，他の関連者又はオランダ居住個人に対する配当又は減資目的の借入利子等
② オランダ会社又はその関連者から，他の関連者に対する出資目的の借入利子等
③ オランダ会社又はその関連者，あるいはオランダ居住個人による買収又は出資により，当該会社が関連者となる場合の借入利子等

上記の「関連者」について，下記B，Cは，Aの「関連者」とされます。

・ 会社Aが3分の1以上の持分を有する他の会社B
・ 会社Aの3分の1以上の持分を有する他の会社B
・ 会社BがA及びCの3分の1以上の持分を有する場合

上記の「持分」は株式保有割合又は議決権割合により決定されますが，議決権のない株式を発行することが可能となりましたので，議決権以外の関連する事実を考慮して，関連者に該当するかどうか決めることになります。

ただし，上記に該当する場合でも，納税者が下記のような点を立証できるときは，借入金利子が認められる可能性があります。

a) 借入及び関連取引が，主として事業目的に基づく取引であること
b) 貸手の受取利子は，「合理的税率」で課税されていること

しかし，納税者は事業目的の借入金であると主張しても，税務当局は当該取引は節税目的であると認定するような場合，支払利子の控除が認められないこともあります。なお，合理的税率とは，一般的にオランダ法人税法に基づき課税所得を再計算した場合の実効税率が10％以上に該当するケースです。

(注) 2017年タックスプランでは，借入金利子控除に関する規定の適用範囲について，JV（ジョイント・ベンチャー）を含む「cooperating group」に拡大される可能性があります。ただし，現時点ではその範囲は明確にされていません。

Q15 営業権の償却

営業権の償却に関する法人税の取扱いについて教えてください。

Answer

資産買収により有償取得した営業権の償却額は，課税所得から控除することが認められます。営業権の償却期間は，最低10年とされています。

一方，株式買収における株式取得価額と買収会社の時価純資産額との差額を営業権として計上する場合，当該営業権は税務上株式の取得価額とされますので，営業権の償却費は損金算入されません。

Q16 持分法損益の税務上の取扱い

当社では，会計上，株式の評価方法として持分法を適用していますが，法人税法上の持分法損益の取扱いはどのようになりますか。

Answer

資本参加免税が適用される株式の評価方法は，税務上は原価法が適用されますので，会計上，持分法又は純資産価値法が適用される場合には，申告調整する必要があります。

資本参加免税が適用されない場合，投資先会社の株式の25％以上を保有するときは，評価益は課税所得に算入されます。

Q17 混合費用の取扱い

飲食を伴う会議費のような費用（混合費用）の税務上の取扱いについて教えてください。

Answer

飲食を伴う会議費用等は，税務上，「混合費用（Mixed expense）」と呼ばれています。混合費用とは，飲食費，会議費，交際費，研修費等のように事業活動に必要な経費ではあるものの，その全額を課税所得から控除できない費用のことです。オランダでは，全従業員の課税給与額の0.4％相当額を4,100ユーロを最低額として課税所得に加算するか，又は実際の混合費用の26.5％相当額を損金不算入とする取扱いが適用されています。

Q18 外国支店損益の取扱い

オランダ会社の国外支店の損益は，課税所得の算定においてどのように取り扱われますか。

Answer

オランダ会社の外国支店の損失は，2012年以降，オランダ本店の課税所得から控除できない取扱いとなりました。一方，外国支店の利益はオランダ本店の課税所得から控除され，免税とされます。

Q19 デットエクイティスワップ

親会社からの借入金の一部を資本化することを検討していますが，法的手続及び税務上の取扱いについて教えてください。

Answer

借入金を資本化する場合，借入金の額面金額を資本金又は資本準備金に振り替えます。資本準備金に振り替える場合，公証人の手続は不要ですが，資本金へ振り替えるときは株主総会決議が必要であり，債権者と債務者は負債の資本化に関する合意書を作成し，公証人による増資手続が行われます。

デットエクイティスワップは資本取引として処理されますので，通常，課税所得が生じることはありません。

Q20 過少資本税制，資本参加負債

オランダには過少資本税制はありますか。また，親会社からの借入金により投資する場合，借入金の利子控除が制限されることがあると聞きましたが，これについて教えてください。

Answer

過少資本税制は2013年の税制改正において廃止されましたが，親会社からの借入金により投資する場合，「資本参加負債」が導入されました。これは，資本参加に関連する借入利子及び関連費用のうち「過大利子」の控除を制限する税制で，資本参加負債は，投資額から税務上の資本を控除した額です。過大利子は，借入利子及び関連費用の合計額に「総負債額」で期首及び期末の加重平均「資本参加負債」を除した割合を乗じて計算されます。

過大利子がある場合でも，750,000ユーロまでは控除が認められます。また，事業拡大目的の投資の場合には適用除外規定があります。

資本参加負債が導入された背景には，資本参加免税により配当，キャピタルゲインが非課税とされるため，過大利子の控除を制限することで課税の公平性を確保しようという意図があります。したがって，借入金により投資する場合には留意する必要があります。

Q21 連結納税

連結納税に関して，メリット，申請手続，適用条件，欠損会社の取扱い，連結納税解消時の留意点について教えてください。

Answer

1 メリット

連結納税のメリットは，参加会社間の損益通算が認められること，参加会社間の資産移転を簿価で行えることです。納税者が連結納税の適用条件を満たす場合，連結納税を選択適用できます。

2 申請手続

納税者は，適用年度開始日より3か月以内に，参加会社名，住所，設立日，税務番号，親会社，会計年度等を記載した申請書を税務当局に提出する必要があります。連結納税は，外国会社のオランダ支店にも認められます。

3 適用条件

連結納税の適用条件は，次のとおりです。
- 親会社が，子会社の発行済株式の議決権の95％以上を直接又は間接的，法的，経済的に所有していること

- 親子グループの税務年度は同じであること
- 親子グループに対し同様の税制が適用されていること
- 親子グループともにオランダ居住法人であること（外国会社の管理支配地がオランダで行われる場合も含む）
- 親会社は，NV又はBV，COOP（組合）又は相互保険会社であること

2012年に導入されたフレックスBVでは議決権のない株式が認められたことから，議決権の95％とされます。また，オランダ会社の管理支配が国外で行われている場合，オランダ居住法人として取り扱われないことになり，連結納税には参加できません。

4　欠損子会社の取扱い

繰越欠損金を有する子会社を連結納税に含めることは可能です。その場合，欠損金は引き継がれますが，連結納税参加前の繰越損失は，当該会社の利益と他の参加会社の損失を相殺した残余利益がある場合に相殺されます。したがって，連結納税参加前の損失と他の会社の利益を直接相殺することはできません。

連結納税グループの損失は，1年間の繰戻還付，9年間の繰越控除が認められます。

5　連結納税解消時の留意点

連結納税を解消する場合，連結納税期間中の資産移転に関するキャピタルゲインが実現することもあります。

例えば，グループ会社間で移転された株式が3年以内に外部に売却されたり，その他の資産が6年以内に外部に譲渡された場合，連結グループ内取引において繰延べられたキャピタルゲインは実現して課税されます。

Q22 連結納税の範囲

オランダでは、オランダ会社と他のEU持株会社のオランダ子会社（孫会社）又は共通のEU持株会社が保有するオランダ子会社（姉妹会社）同士の連結納税が認められるように変更されたと聞きましたが、これについて教えてください。

Answer

2014年6月、欧州司法裁判所は、オランダの連結納税制度がEU内の「設立の自由」に反するとの判決を下しました。これを受け、2015年以降、オランダ会社と他のEU持株会社が保有するオランダ会社（孫会社）、あるいは共通のEU持株会社が保有するオランダ子会社同士（姉妹会社）の連結納税が可能となりました。

(注) 2016年4月のオランダ控訴裁判所（Court of Appeal）の判決では、EU外の親会社が保有する姉妹会社間においても租税条約の非差別条項に基づき連結納税が可能とされています。最高裁判決を待つ必要がありますが、日本の親会社が保有するオランダ子会社同士の連結納税が認められる可能性があります。

【連結納税】

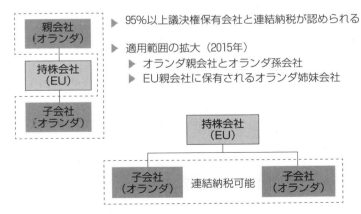

Q23 M&Aにおける借入金利子の取扱い

オランダ会社を買収するに当たり，買収目的のSPCを設立して銀行借入を行う予定です。SPCとターゲット会社を買収後に連結納税する予定ですが，借入金利子はどのように取り扱われますか。

Answer

　M&Aの際，オランダに買収目的のSPCを設立して，当該SPCと買収会社を連結納税することは，連結納税の適用条件を満たす限り可能です。2012年以降，借入金利子を連結納税により無制限に相殺することが認められなくなりました。この場合，借入金には関連者以外の銀行借入，借入に要する費用，為替差額などが含まれます。ただし，借入利子等の損金算入制限には金額基準が設定されており，支払利子等の額が年間1百万ユーロ以下である場合には利子控除が認められます。

　さらに，「過大借入」によるM&Aの借入利子等の損金算入を制限することが税法の主旨ですので，過大借入に該当しないときは損金算入が認められます。過大借入とは，買収価額の60%を超過する借入と規定されています。60%は毎年5%ずつ25%まで低下して，損金算入されなかった支払利子は次年度以降に繰越控除されます。

　(注)　2017年タックスプランでは，法人税法15aの規定について，連結納税を利用した買収目的の借入金利子の損金算入を取得会社の単体利益までしか認めないとされています。

Q24 税務上の合併

税務上の非課税合併には，法的合併（Legal merger），事業合併（Business merger），株式合併（Share merger）があると聞きましたが，これについて教えてください。

Answer

1 法的合併

法的合併は，資産，負債を個々に移転する必要がなく，合併契約書により全ての資産，負債を全世界的に同時に移転し，かつ個々の契約関係が存続することに最大の利点があります。合併による資産及び負債の移転価格は独立企業間価格（時価）でなければなりませんが，オランダ税法は，下記条件を満たす場合，簿価による資産及び負債の引継ぎを認めています。

- 存続会社，消滅会社の両社に税務上の繰越欠損金がないこと
- 存続会社は資産及び負債の簿価を維持すること
- 合併の主たる目的は，組織再編による事業合理化であり，租税回避又は課税の繰延べではないこと

合併会社及び被合併会社は，事前に税務当局に対し簿価合併申請を提出することが望ましいとされています。

2 事業合併

オランダ居住法人の全ての資産及び負債，又は独立的事業単位を他のオランダ法人の株式と交換に譲渡する場合，キャピタルゲインは認識されません。税務上の繰越損失がある場合には，合併法人に引き継がれます。税務当局の事前承認を取得する場合もありますが，下記条件を満たす場合には簿価で行うことができます。

- 事業合併は事業目的に基づくものであり，課税逃れ又は課税繰延べを意

図していないこと
- 事業合併により取得した株式は最低３年保有されること
- 譲受会社はオランダの課税事業者であること
- 譲受会社には税務上繰越損失がないこと
- 譲受会社は資産，負債等の合併前の税務上の簿価を引き継ぐこと
- 譲受会社は事業と交換に新株式を発行すること（小額の現金授受は容認される）
- 譲渡会社と譲受会社は同様の課税所得の計算方法を適用していること

3　株式合併

　株式合併は，オランダ会社が自己株式と交換に他のオランダ会社の新株式を取得し，当該会社の支配権（議決権の過半数）を獲得することです。株式交換を簿価で行うには，当該株式交換が両社の事業目的に基づくものであり，租税回避，課税の繰延べでないことが必要です。この場合，新株式発行価額を取得株式の簿価とし，かつ現金授受額は新株式額面価額の10％以内でなければなりません。

Q25　税務上の会社分割

　当社は，オランダ子会社の販売機能と製造機能を分割して，販売機能を他のオランダ販社と統合することを検討しています。会社分割を非課税で行うための条件を教えてください。

Answer

会社分割を非課税で行うための条件は，下記のとおりです。
- 譲渡会社及び取得会社には同様の課税所得計算方法が適用されること
- 譲渡会社及び取得会社には税務上繰越損失がないこと

- 取得会社は取得資産及び負債の簿価を受入価額とすること
- 租税回避又は租税繰延べを目的としないこと
- 会社分割が組織再編など事業目的に基づくものであること
- 譲渡会社又は取得会社の株式が会社分割後3年以内に譲渡されないこと

譲渡会社及び取得会社は，会社分割を簿価で行うことに関して，税務当局に対し連名で確認申請することが認められます。申請を受理した税務当局は，会社分割を簿価で行う上での条件を提示します。

Q26　CFCルール

オランダ税法には，CFC（Controlled Foreign Company）に関する規定はありますか。

Answer

CFCルールは，日本のタックスヘイブン税制のように低税率国にある子会社の所得を親会社所在地国で合算課税するルールですが，オランダにはCFCルールに関する規定はありません。

ただし，BEPS行動計画3，CFC（外国支配会社）に対する最終報告書では，CFCルールに関する6項目の提言がなされています。

また，EUATA（反租税回避）指令では，CFCルールが適用される場合の条件に関して具体的な指針が示されていますので，2017年以降のオランダ税制改正に留意する必要があります。

2　事前確認制度（ATR, APA）

Q27　事前確認制度

オランダの事前確認制度について教えてください。また，BEPS行動5及びEU反租税回避指令により，特定の税務ルーリングについて税務当局間の自発的情報交換に関する枠組みが合意されたと聞きましたが，これについても教えてください。

Answer

1　事前確認制度

オランダの事前確認制度はATR（Adavanced Tax Ruling）とAPA（Advance Pricing Agreement）に区分されており，納税者と税務当局の書面による事前合意は，両者を法的に拘束することになります。納税者は事前確認制度により税務問題に関する取扱いに関して確実性が得られ，税務調査による否認リスクを回避できます。

事前確認制度の運用方針は，以下のとおりです。

- OECD移転価格ガイドラインを適用して独立企業間価格を決定する
- 原則として，経済的リスクを取らない会社に対して利子，ロイヤルティに関する事前確認をすることはない
- 租税条約締結国の利益を害する恐れがある場合，事前確認はしない
- 金融取引に関して脱税目的が明確である場合，事前確認はしない

2 BEPS行動5

BEPS行動5，有害な税制への対応に関する報告書では，他国の税源に影響する可能性のある優遇税制に関するルーリングについて，税務当局間の自発的情報交換が義務付けられる枠組みが合意されました。例えば，イノベーションボックス課税に対するルーリング，PEに関するルーリング，導管取引に関するルーリングなどがこれに該当する可能性があります。2010年1月1日以降に発行され，2014年1月1日時点で有効なルーリングを2016年末までに，また，2016年4月1日以降に発行されたルーリングについては，ルーリング発行後3か月以内に，ルーリング発行国から関連国に対して，自発的に情報交換することとされています。

3 EU反租税回避指令（ATA指令）

EU反租税回避指令（ATA指令）では，EU共助指令第8条第a項に基づき，2012年1月以降発行され，2014年1月1日現在有効なルーリングから情報交換されるとしていますが，2014年1月1日以降発行されたルーリングについては，有効かどうかに関係なく情報交換するとされています。

ATA指令の適用時期については，第8章を参照してください。

Q28 ATR（事前税務裁定制度）

ATRとは，どのような制度ですか。また，持株会社が資本参加免税のルーリングを取得する場合に満たすべき前提条件があると聞きましたが，どのようなものですか。

Answer

1 ATR（事前税務裁定制度）

ATRには，資本参加免税，外国法人のPEなど移転価格以外の税務問題に関

する確認が含まれます。ATRは4年から5年間有効であり，更新も可能です。税務当局との合意事項に関して，前提条件等に変更がなければ税務調査で問題とされることはありません。税務当局からの確認合意書には，取引事実，適用年度，税務の取扱いなどが記載されます。

2 資本参加免税に関する事前確認

資本参加免税に関するルーリングについて事前確認を行う場合，実質要件を満たした上で，投資の15％相当額が資本金から拠出されている必要があります。

Q29 APA（事前価格確認制度）

APAとは，どのような制度ですか。また，APAの手続について教えてください。

Answer

1 APA（事前価格確認制度）

APAは，関連者間取引における移転価格の妥当性に関する事前合意を税務当局から文書により入手する制度です。例えば，コストプラスのマークアップ率，グループ金融及びライセンス取引のスプレッド等について，税務当局と納税者との間で文書により合意します。APAには，オランダ税務当局と納税者の単独APA，オランダ税務当局と他国の権限のある税務当局間の二国間APA，複数関係国の権限ある税務当局間の多国間APAがあります。グループ金融会社，リース会社が事前確認するときは，実質要件及びリスク要件を満たす必要があります。全ての取引をAPAに含めて確認することも可能ですが，特定取引，特定関連者との取引を対象とすることも認められます。合意期間は，税務当局との合意文書に明記されますが，通常4年又は5年とされます。将来の期間に対する適用確認と併せて過去に遡及して適用申請を行うことも可能です。

2　APA手続

　納税者は，会社を管轄する税務調査官（tax inspector）を通じて，ロッテルダムにあるAPA／ATR専門部署に申請書を送付します。二国間APAの場合は，相手国の権限のある当局に対して通知されます。

　APAの申請に先立ち，事実関係の説明，移転価格方法及び他のオプションなどに関し，税務当局とプレファイルミーティング（事前会議）を持つことが一般的です。その後，税務当局とAPAに関する相談を行い，APAの可能性，時期などが納税者に対し示されます。オランダにおけるAPA処理日数は案件にもよりますが，単独APAが多いことから，6週間から10週間程度です。

　一般的に，APA申請時に下記情報を提出する必要があります。
- 対象取引，製品，事例もしくは契約に関する情報
- 取引，契約に関与している会社，恒久的施設に関する情報
- 対象取引の関連当事国
- 申請者の全世界組織，社歴，財務情報，製品及びその機能を遂行する上で使用する有形，無形の資産，関連会社のリスク負担
- 比較可能分析（非関連者の比較可能な数値及び適用可能な調整）
- 移転価格に関する記述
- 移転価格の前提条件，条件変更による影響に関する事項
- 移転価格の適用期間
- 市場，取引条件に関する一般的記述

　APAは，税務当局と納税者を法的に拘束する決定合意書ですが，下記事項が書面に記載されます。
- 会社名，住所
- 有効期間内の取引，契約及び会計年度
- 合意した移転価格方法及び比較可能性，予想利益の範囲等の関連事項
- 移転価格方法，計算根拠を形成する関連条件の定義
- 適用される重要な条件
- 適用期間における予期される事実，環境の変化に対する合意手続

- 適用可能な他のオランダ税務問題に関する合意
- 納税者が満たすべき条件，条件をクリアしていることに関する当局の確認手続
- オランダ税法の改正による終了手続
- 合意された移転価格方法が，実際の関連者との契約に反映されない場合APAは適用されないこと
- 情報には，特別な商業上，産業上，職業上の機密事項が含まれていないという納税者の陳述

3 移転価格税制

Q30 法人税法の移転価格規定

オランダ法人税法では、移転価格税制についてどのように規定されていますか。

Answer

オランダ法人税法における移転価格条項（第8条b）は、次のとおりです。

(第1項) 一方の会社が、他方の会社の経営又は資本に、直接又は間接的に参加している場合、会社間の法的関係により、独立企業の関係において合意される条件と異なる条件で合意されたときは、これらの会社の利益を独立企業間において合意される条件により決定する。
(第2項) 第1項の規定は、個人が直接又は間接的に、一方の会社と他方の会社の経営又は管理もしくは資本に参加している場合にも同様に適用される。
(第3項) 第1項及び第2項の各会社は、移転価格の算定方法及び移転価格の算定結果が独立企業間価格であることを立証するデータを管理しなければならない。

また、オランダ法人税法の第29条bから第29条hに成文化された移転価格文書化要件により、国別報告書、マスターファイル、ローカルファイルの作成が求められており、一定規模以上の会社に対して、2016年1月1日以降開始事業年度から適用されています。

Q31 移転価格通達

オランダでは法人税法の規定以外に移転価格通達が公表されていると聞きましたが、どのようなものですか。
また、2013年に公表された最新の移転価格通達の概要について教えてください。

Answer

1 移転価格通達

オランダ税法には移転価格の方法等について具体的に規定されていないので、オランダ政府が公表している「移転価格通達」を参照することになります。移転価格通達は、税務当局によるOECD移転価格ガイドラインの解釈及び運営方針を明確にするものです。

2 2013年移転価格通達

2013年に公表された移転価格通達の内容は、従来の移転価格通達の修正と新たな規定から構成されています。具体的な内容は、下記のとおりです。

関係会社間サービスに係る対価の決定方法及び株主費用のうち、コーポレートガバナンスに関連する費用の取扱いが明確にされました。関連者間サービスのうち、人事、法務、ITなどのルーティンサービスについては通常コストプラス法が適用されますが、マネジメントサービスに関しては、関連者の機能リスク分析を行いサービス対価を決定する必要があります。株主費用に関しては、内部監査などコーポレートガバナンスに関する活動は被監査会社に一定のベネフィットがもたらされる場合もありますので、内部監査費用の全額又は一部を独立企業間価格により各社に請求すべきであるとされています。

また、資産取引、調達機能の集約、キャプティブ保険（Captive insurance）会社、財務取引に関して新たな取扱いが規定されました。無形資産に関する独立

企業間取引では、資産を購入する会社に付加価値機能があることが前提であり、低税率国に子会社を設立して形式的に無形資産を移転するようなことは認められないとされています。調達機能に係るコストは基本的にコストプラス法により各社に請求されるとしながらも、調達機能がグループのコア機能である場合には利益分割法が適用される可能性に言及しています。キャプティブ保険会社については、当該会社と独立保険会社との機能及びリスクを比較して、当該会社の機能、リスクに相応する利益を配分するとしています。さらに、財務取引については、貸付、クレジットレート、保証などについて、個社だけでなくグループ内の戦略的重要性を勘案してスプレッド、保証料を決定すべきであると規定しています。

Q32 移転価格文書

オランダでは移転価格文書に関して三層構造アプローチ（マスターファイル、ローカルファイル、国別報告書）が採用されていると聞きましたが、それぞれどのような文書ですか。また、日系企業は移転価格文書をどのように作成することになりますか。

Answer

1　2016年税制改正

オランダでは、2016年1月1日以降、BEPS行動13に基づく移転価格文書が導入されました。したがって、適用条件に該当する会社は、マスターファイル、ローカルファイル、国別報告書を一定期間内に作成する必要があります。

2　マスターファイル

マスターファイルとは、多国籍企業の事業、移転価格ポリシー、重要性のある関連者間取引の全てを網羅し、税務当局との合意に関するハイレベルな情報

を単一文書にまとめたものであり，多国籍企業が事業展開する国の全ての税務当局が入手可能です。

マスターファイルは，オランダ税務当局が重要な移転価格リスクを特定できるよう，グループ全体の「青写真」を提供する文書です。フォーマット等はOECD提案に準拠しており，税務申告時に提出できるようにしておく必要があります。作成言語はオランダ語又は英語により，マスターファイルを提出すべき者が期限内に提出しない場合は，挙証責任の転嫁等，通常の罰則規定が適用されることになります。前年度連結売上高5,000万ユーロ以上のオランダ居住多国籍企業グループに対して2016年1月1日以後開始事業年度から適用されており，2016年1月以降開始事業年度に係る最初の法人税申告時点までに完成しておく必要があります。

3　ローカルファイル

ローカルファイルとは，製品，サービス，ロイヤルティ，利子等の関連者間の支払，受領を含む，多国籍企業のローカルビジネスに関する詳細情報です。ローカルファイルは個々の関連者間取引に関する詳細な情報を提供する文書であり，フォーマット等はOECD提案に準拠することになります。税務申告時には提出できるようにしておく必要があり，作成言語は，オランダ語又は英語です。ローカルファイルを提出すべき者が期限内に提出しない場合は，挙証責任の転嫁等,通常の罰則が適用されることになります。前年度連結売上高5,000万ユーロ以上のオランダ居住の多国籍企業グループに対して2016年1月1日以後に開始する会計年度より適用されています。マスターファイルと同様，2016年1月以降開始事業年度に係る最初の法人税申告時点までに完成しておく必要があります。

4　国別報告書

国別報告書とは，利益，収入，従業員，資産に係る租税管轄地（国）別の配分に関するハイレベルな情報であり，既存の移転価格文書を代替するものでは

なく別個の文書です。導入時期は各国により異なります。ハイレベルな移転価格リスク評価に有用な情報を提供するものであり、フォーマット等はOECD提案に準拠することになります。(オランダ居住の)究極親会社(日本)の会計年度終了の日の翌日から12か月以内に作成されます。国別報告書を提出すべき者が期限内に提出しない場合の罰則として、刑法第23条に基づく罰金(8,100ユーロ)又は意図的と認められた場合は最長4年間の禁固刑が設けられています。前年度連結売上高7億5,000万ユーロ以上のオランダ居住の多国籍企業グループに対して2016年1月1日以後に開始する事業年度より適用されています。

　なお、オランダ子会社は、決算期末までにグループ内で国別報告書を提出する会社について、税務インスペクターに通知する必要があります。

5　日系企業の対応

　移転価格文書はマスターファイル、ローカルファイル、国別報告書の三つから構成され、税務当局への詳細な追加的情報が提供されることになりました。日系企業の場合、一般的にマスターファイル及び国別報告書は日本の親会社が中心となって対応することになりますが、連結売上高の規模によってはオランダ会社がマスターファイルを作成する必要がある場合もありますので、留意が必要です。また、日本の親会社が作成するマスターファイルとオランダ会社が作成するローカルファイルには一貫性が必要ですので、親会社との調整が必要になります。

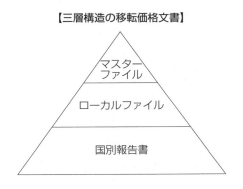

【三層構造の移転価格文書】

Q33 移転価格文書化手続

移転価格の文書化を検討していますが、移転価格文書はどのように作成されますか。文書化の手順について教えてください。

Answer

移転価格の文書化は、一般的に下記のような手順で行われます。

(1) **事業分析（取引の類型化）**

移転価格の文書化は、会社の事業に関する情報収集から始まります。会社の事業、組織、市場、製品、サービス及び生産、サプライチェーン、地域別販売実績等の情報が必要です。これにより、クロスボーダーの文書化対象取引を特定します。文書化対象取引は、製品売買取引、役務提供取引及び無形固定資産の使用料、貸付取引などに類型化されます。

(2) **機能分析**

機能分析は、各会社の機能、リスク、使用する資産の評価を目的とします。機能分析では会社の財務、企画、営業等の担当者に対するインタビューを行い、分析結果は事業分析で特定された取引の確認にも利用され、同時に関連者間の付加価値連鎖（バリューチェーン）における貢献度、リスクを理解することにも使用されます。機能には、設計、製造、組立、研究開発、サービス、購入、配送、市場調査、広告宣伝、運送、財務、経営管理等があります。

機能分析の際は下記の点が考慮されます。

- 取引過程における関連者の関与、程度
- 関連者が使用する有形資産、無形資産とコスト
- 関連者間の既契約又は暗黙の了解に基づく関係
- 対象市場におけるリスクの性質及び程度

機能分析の結果、関連者は企業家的立場の会社と従属的立場の会社に区分されます。日本本社、欧州本社、各国販社の機能を明確にして、意思決定権限者、

各社の機能及びリスク,無形資産の保有などを明確にします。

　リスクには,市場リスク,需要予測リスク,為替リスク,在庫リスク,信用リスク,製造設備陳腐化リスク,資金調達リスク等があります。機能,リスクは,利益配分と密接に関連します。

(3) 経済分析

　経済分析では,文書化対象取引及びグループ会社を取り巻く経済環境を理解し,比較可能取引,比較可能会社に関する情報収集と分析を行います。この場合,関連者と独立第三者との取引を検討し,独立第三者との取引価格は一種の独立企業間価格（Internal CUP）と考えられます。適当な取引がない場合,アマデウスなどのデータベースを使用してベンチマーク調査を行い,一定レンジの営業利益率を特定し,納税者の営業利益率がそのレンジ内にあれば,移転価格リスクは低いと考えられます。ただし,ベンチマーク調査のサンプル会社を絞り込む過程が妥当である必要があります。税務当局と納税者でサンプリング方法に見解の相違がある場合,税務調査で問題となる可能性があります。

Q34　移転価格の方法

オランダで認められる移転価格の方法には,どのようなものがありますか。

Answer

　オランダでは,OECD移転価格ガイドラインで認められている移転価格方法からの選択適用が認められています。

1　伝統的方法

(1)　CUP法（独立価格比準法）

　これは,比較可能な独立会社との取引価格により,製品又はサービスに関す

る取引価格を決定する方法です。独立企業間価格には，検証法人と独立販売会社との取引価格（Internal CUP）と独立会社間取引価格（External CUP）の二つがあります。OECDガイドラインでは，比較可能な非支配取引が存在する場合，CUP法が最も直接的で信頼できるとされています。インターナルCUPは，各国販社の機能，リスク，使用資産が相対的に大きく，各国販社が統括会社から独立的である場合に適合します。この場合，統括会社と各国販社との移転価格はグループ統一価格となります。統括会社の機能，リスク，使用資産が相対的に大きくなると統括会社が企業家的立場になり，各国販社を管理するようになりますので，移転価格方法の見直しが必要になります。

(2) **リセールプライス法（再販売価格基準法）**

　これは，検証法人の再販売取引における売上総利益と独立販売会社の再販売取引における売上総利益を比較する方法です。実務的には，営業利益をベンチマーク調査し，これに営業費用予算を加算して売上総利益を逆算し，これを売上高で除して再販売利益率を求め，対象会社の再販売利益率と比較することになります。

(3) **コストプラス法（原価基準法）**

　これは，独立メーカーと独立販売会社の取引における売上総利益と，検証法人と国外関連者との取引における売上総利益を比較する方法です。マークアップ率は機能，リスク，使用資産に応じた適正なものでなければなりません。製造会社から販売会社に製品を販売する際の移転価格方法として使用されることが多く，通常製造費用を発生費用とします。

2　その他の方法

(1) **利益分割法**

　これは，関連者間取引における各社の貢献度に基づき，営業利益を分割する方法です。各社の貢献度は，機能分析により評価されます。この方法は比較可能取引に関係なく適用可能であり，参加者の貢献度によることから極端で非現実的な利益配分となる可能性は低いのですが，下記の理由により適用が困難な

場合もあります。
- 海外関連者の情報及び独立会社に関する情報が必要であること
- 関連者の利益を合算するに当たり，各社の帳簿，会計記録は共通の会計基準に準拠して作成される必要があり，各国会計慣行の調整，通貨調整を行う必要があること
- 営業費用をセグメント別に集計し，該当する関連者取引に費用按分する必要があること

(2) **取引単位営業利益法**（Transaction net margin method）

これは，事業分析，機能分析の結果得られた取引単位毎の機能，リスクに基づき，比較可能な取引単位の営業利益率をデータベースから算定して，実際の営業利益率が当該比較可能な営業利益率のレンジ内にあるかを具体的に検証する方法です。

Q35 移転価格におけるロイヤルティの取扱い

当社は，研究開発費を回収するために，製造子会社に対してロイヤルティを請求することを検討しています。これについて，移転価格の観点から留意すべきことはありますか。

Answer

研究開発費の回収方法として無形固定資産を保有する会社とグループ会社がライセンス契約を締結してロイヤルティ（使用料）を徴収する際，当該ロイヤルティは独立企業間価格である必要があります。ロイヤルティの料率を決定するに当たり，マーケットアプローチとコストアプローチがあります。前者では，比較可能調査により他社の料率を調査する必要があります。後者の場合，無形資産を保有する親会社の費用を基準として料率を決定することになります。

Q36　移転価格における委託研究開発の取扱い

当社は，オランダの製造会社の特定の製品開発について，日本の親会社に研究開発を委託することを検討しています。これについて，移転価格の観点からどのような点に留意する必要がありますか。

Answer

オランダ会社が日本の親会社に研究開発を委託する場合，親会社の開発費用はコストプラス法により算定して支払うことになります。この場合のマークアップ率は，独立企業間価格でなければなりません。機能，リスク分析を行い，ベンチマーク調査をした上で，マークアップ率に関して一定のレンジを決める必要があります。オランダ会社と日本の親会社は委託研究に関する契約書を締結しますが，委託研究開発の場合，無形資産の所有者は委託者となりますので，オランダ会社が無形資産の所有者となります。

なお，BEPS行動8，無形資産に関する最終報告書が公表されていますので，今後の税務の取扱いについて留意が必要です。

Q37　移転価格における損失の取扱い

①景気後退による損失，②特定製品に関する損失，③スタートアップ損失，④為替相場の変動による損失は，移転価格税制においてどのように取り扱われますか。

Answer

ご質問の損失は，それぞれ次のとおり取り扱われます。

(1) 景気後退による赤字計上

　比較可能な独立企業間価格を特定する際は，景気要因を考慮する必要があります。過去数年の安定期における単純平均値は景気安定期の比較可能価格としては適当ですが，景気後退期の比較可能価格として妥当か，また会社を取り巻く事業環境，市場状況等を考慮する必要があります。

(2) 特定製品の赤字計上

　特定の取扱い製品について赤字を計上している場合，当該製品を全体の製品のラインアップという観点から取り扱わざるをえない状況にあり，事業戦略，市場環境その他の正当な理由により赤字を計上することに相応の理由が認められる場合には容認される可能性があります。

　特定の商品グループの赤字について，納税者とオランダ税務当局との間で移転価格の取扱いを巡って争われたケースがありましたが，オランダ最高裁判所は2002年6月，会社側の主張を認め，特定商品の赤字を認めないとする税務当局の主張を退ける判決を下しました。全商品のラインアップが必要とされる包括契約に基づく場合，特定商品の赤字を個別に切り出して問題にするよりも契約全体の損益状況から検討すべきであり，包括契約を一つのパッケージとしてみた場合，全体として黒字であり，移転価格上問題ないという判断を下しました。

(3) スタートアップ損失

　一定期間のスタートアップ損失は容認されますが，数年経過した後も赤字が継続するような場合には，移転価格の妥当性を指摘される可能性が高いといえます。販売会社がマーケットシェアを獲得するためには時間を要するのは事実であり，税務当局もある程度は考慮しますが，一方で，独立第三者が赤字を長期間にわたり放置することはありえないとの見方をする可能性があります。税務当局が日本の親会社の利益率に着目し，オランダから日本への利益移転が問われる可能性もあります。

(4) 為替相場の変動

　為替相場が一定の範囲を超えて変動したような場合，社内レートを見直す必

要がありますが，為替差損を関連者間で如何に負担すべきかが問題となります。通常の変動幅を超えた異常な為替変動による損失をグループ内でどのように負担するかについて，一定の社内ルールを取り極める必要があります。日本の親会社が企業家的立場にあり，オランダ会社が従属的立場であるときは，異常な為替損失をオランダ会社だけで負担するのは難しいといえます。為替リスクを海外販社が負担するには，当該リスクを反映した価格設定であることが前提となります。

Q38 相互協議手続，EU仲裁手続

オランダにおいて相互協議を申請する場合には，どのような手続になりますか。また，EUには二重課税を防止するための仲裁手続があると聞きましたが，どのような制度ですか。

Answer

2008年9月，相互協議手続に関する通達がオランダ当局から公表されました。相互協議手続は，納税者からの申請に基づき開始されます。納税者は，下記の情報を相互協議申請時にオランダ財務省に提出します。
- 納税者及び国外関連者に関する情報
- 問題となる取引に関する事実，情報
- 取引に関与している他国
- 二重課税に関する具体的説明
- 納税者の異議，還付請求，その他相手国で提出した文書

相互協議が申請された場合，2年以内の解決を目指すことになりますが，納税者からの申請により納税時期を延期することが認められます。

EUでは，二重課税を回避するための対応的調整が取られています。EU内の相互協議の仲裁手続（対応的調整）は，以下のようなものです。

- 納税者は，3年以内に当局に対し，二重課税排除申請を行う
- 2年を期限として，二国間協議が開始される
- 助言委員会からの意見（Advisory Commission Opinion）が6か月以内に表明される
- 6か月以内に，各国税務当局は，二重課税排除に係る決定を行う

各国税務当局が決定をしない場合，助言委員会から表明される意見に従うことになります。

Q39 オランダにおける移転価格リスクの管理

オランダにおける移転価格リスク管理に関して，移転価格の文書化が重要であるといわれますが，何故ですか。また，どの時点で作成する必要がありますか。

Answer

オランダでは，移転価格文書が作成されている場合，独立企業間価格に関する立証責任は税務当局にあります。会社業務に精通していない当局が納税者と共通のデータベースを使用し，納税者の移転価格が独立企業間価格でないことを立証することは容易ではありません。したがって，移転価格文書を作成することが，移転価格リスク管理上，極めて重要であるといえます。

税務当局からの要求に応じて納税者は移転価格文書を提出することになりますが，税法には移転価格文書の様式，内容に関する詳細な規定はありません。「当該文書には機能分析及びこれに対応する移転価格の方法が含まれる」と規定されているだけです。オランダ税務当局は，OECDガイドラインが自国の移転価格税制及び関連規定と整合するものと考えており，実務上，移転価格ガイドラインは国内法をサポートする役割を果たしています。2013年11月に公表された移転価格通達は，オランダ税務当局の移転価格上のポジションに関するガ

イダンスを提供するものです。移転価格文書は会計記録の一部を構成し、会計監査においても関連者間取引が調査されます。

本来、移転価格文書は取引開始時点で作成されることが望ましいのですが、税務当局から提出が求められた場合、一定の合理的作成期間が認められます。単純な移転価格問題の場合は4週間、問題の複雑さに応じて、最長で3か月程度です。期限までに文書を提出できない場合、独立企業間価格に関する立証責任は税務当局から納税者に移転します（挙証責任の転換）。

Q40 オランダにおける移転価格調査

オランダでは、移転価格の調査はどのように行われますか。また、納税者としてどのような点に留意する必要がありますか。

Answer

オランダでは、税務調査の開始時点で税務当局から移転価格文書の提示を求められます。これに基づき、法人税申告書に開示されている関連者間取引について、価値連鎖分析及びリスク分析を実施した上で移転価格調査の実施方法が決定されます。税務当局には、移転価格専任部署（CGTP：Coordination Group Tranfer Pricing）があり、移転価格に関する事務運営を担当しています。一般の税務調査の過程で移転価格に関する問題が発見された場合、移転価格調査官が関与し専門的な調査が行われることになります。オランダ税務当局は、拡大すると見込まれる税務論争に備えて移転価格対応チームの人員を2倍に増強しており、今後税務調査が増加することが予想されます。

移転価格調査では、主要機能及び人材の移転、売上又は利益の減少、複数年にわたる損失、事業再編費用、無形資産の移転、本社サービスの提供、及び関連する株主費用等について、特に注視しています。また、事業再編や価値のある関連資産等のオランダ国外への移転について、対価の授受及び出口課税を求

める姿勢を強めています。無形資産取引に関しては二面検証を行う傾向にあり，事業実態を追求し，無形資産の法的所有者が当該無形資産を実際に管理・コントロールする能力を有する経済的所有者と認定されることが重要です。

さらに，オランダ税務当局はグローバル又はローカルレベルの移転価格ポリシーを検証する傾向にあり，そのような移転価格ポリシーを実際に実行・運用しているかどうかも調査の対象となっています。国外関連者に対するマネジメントフィーの支払いもオランダでは頻繁に調査の対象となる項目であり，税務上損金と認められるためには，便益テスト等の特定の基準を満たす必要があります。単なるマネジメントフィーという名目で，その有償性や対価設定方法の根拠資料が不十分である場合，オランダ側で損金算入を否認されるリスクがありますので，留意が必要です。

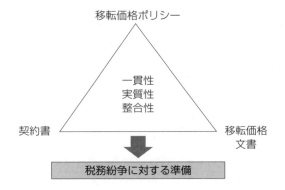

【移転価格対応策】

4　日蘭租税条約

Q41　日蘭租税条約の改正点

2012年1月から施行されている日蘭租税条約の主要な改正点について教えてください。

Answer

　条約改正により，配当及び使用料に対する源泉税率は軽減又は免除されました。同時に，租税回避防止のために特典制限条項（LOB）及び導管取引防止規定が新設されました。また，匿名組合契約に係る所得は日本で源泉課税できる旨が明記され，さらに，日本の租税条約では初めて税務当局間の相互協議に係る仲裁が規定されました。2010年9月，日本とオランダの権限のある当局間で仲裁の要請から仲裁決定の実施まで具体的な手続の詳細が規定されましたが，原則として2年以内に終了することになっています。仲裁手続の対象となるのは，いずれかの国で裁判所等の決定がされたものを除く移転価格等について相互協議の申立てが行われた事案であり，事前確認に係る相互協議の申立ては対象となりません。

Q42 税務上の居住者及び恒久的施設

日蘭租税条約では、税務上の居住者及び恒久的施設（PE）についてどのように規定されていますか。また、BEPS行動7に関して、留意すべき点を教えてください。

Answer

日蘭租税条約では、居住者に関して「当該一方の締約国の法令の下において、住所、居所、本店又は主たる事務所の所在地、事業の管理の場所その他これらに類する基準により当該一方の締約国において課税を受けるべきものとされる者」と規定されています（第4条）。

恒久的施設（以下、PEという）とは、「事業を行う一定の場所であって企業がその事業の全部又は一部を行っているもの」であるとされ、事業の管理の場所、支店、事務所、工場、作業場等が例示されています（第5条）。なお、下記のことを行う場合は、PEに当たらないものとされています。

(a) 企業に属する物品又は商品の保管、展示又は引渡しのためにのみ施設を使用すること。

(b) 企業に属する物品又は商品の在庫を保管、展示又は引渡しのためにのみ保有すること。

(c) 企業に属する物品又は商品の在庫を他の企業による加工のためにのみ保有すること。

(d) 企業のために物品若しくは商品を購入し、又は情報を収集することのみを目的として、事業を行う一定の場所を保有すること。

(e) 企業のためにその他の準備的又は補助的な性格の活動を行うことのみを目的として、事業を行う一定の場所を保有すること。

(f) (a)から(e)までに掲げる活動を組み合わせた活動を行うことのみを目的として、事業を行う一定の場所を保有すること。ただし、当該一定の場所に

> おけるこのような組合せによる活動の全体が準備的又は補助的な性格のものである場合に限る。

 ただし，実務的に準備的，補助的な活動であるかを区別することは容易でない場合もあります。

 BEPS行動7に関する最終報告書では，多国籍企業がOECDモデル租税条約第5条のPE規定の適用を回避するストラクチャーを構築することが可能であるとの認識がされており，現行規定の修正についての提言がされています。具体的には，代理人PEの定義，PE認定の例外とされた特定の活動，契約の分割によるPE認定回避への対応に関する提言が行われています。

Q43 本支店課税

日蘭租税条約では，本支店課税，利益配分，費用控除についてどのように規定されていますか。

Answer

 日蘭租税条約第7条第1項では，オランダにある支店等のPEを通じて事業を行わない限り日本で課税されること，また，日本企業がオランダ支店を通じて事業を行う場合，当該支店に帰属される利益に対してはオランダが課税権を有することが規定されています。

 第2項では，独立企業原則が規定されており，居住地と源泉地とで適正な利益配分を行うには本支店をあたかも独立企業と同様に取扱い，適正な利益配分を行うと規定されています。

 第3項では，PE所在地又は本店所在地で発生した管理費及び一般管理費のうち，PEのために支出された費用を控除できると規定されています。したがって，本店で発生した費用を一定基準によりPEに配賦した場合，合理的である限り課税所得から控除されます。費用配賦基準を文書化し，税務当局の求

めに応じて提出できるよう準備しておく必要があります。

Q44 配当源泉税

　日蘭租税条約では，配当源泉税に関してどのように規定されていますか。軽減税率の適用を受けるにはどのような手続が必要ですか。配当源泉税がゼロの場合でも申告は必要ですか。
　また，特典制限条項（LOB），導管取引防止条項について教えてください。

Answer

　日蘭租税条約第10条第３項では，配当支払いを受ける者が特定される日を末日とする６か月の期間を通じ，配当支払法人の議決権付株式の50％以上を直接又は間接に所有する日本法人に対する配当源泉税率は，０％とされています。また，配当の支払いを受ける者が特定される日をその末日とする６か月の期間を通じ，配当支払法人の議決権付株式の10％以上を直接又は間接に所有する日本法人に対する配当に対する源泉税率は５％（第10条第２項(a)），それ以外の場合は10％とされます（第10条第２項(b)）。

(1)　軽減税率の適用申請

　軽減税率の適用を受けるには，オランダ税務当局への申請が必要です。2015年２月，軽減税率の適用に関する承認期間は４年間とされました。それ以前に承認を得ている場合，2019年２月まで０％が適用されます。

(2)　源泉税申告書

　配当源泉税はゼロであっても，配当支払日から１か月以内に源泉税に関する申告書を提出する必要があります。

(3)　特典制限条項

　第21条において，租税条約の特典に関する制限（LOB）が規定されています。

第10条第3項(配当の源泉地免税)の特典を受ける者は,原則として適格者(上場会社及びその子会社等)に制限されています。また,適格者に該当しない場合,派生受益基準,能動的事業活動基準,多国籍企業本社基準のいずれかを満たすとき,あるいは権限のある税務当局の認定を受ける者は,特典を受けることができるとされています。

(4) 導管取引防止規定

第10条では,配当の受領者が支払を受けた所得と同種の所得を第三国居住者に対し支払うこととされているなど,その取引が導管取引と認められる場合には,受領者は配当所得の受領者には該当せず,条約の特典を受けることができないとされています。

Q45 利子源泉税

日蘭租税条約では,利子源泉税の軽減税率はどのように規定されていますか。特典制限条項,導管取引防止規定についても教えてください。

Answer

日蘭租税条約において,利子とは「すべての種類の信用に係る債権(担保の有無及び債務者の利得の分配の受ける権利の有無を問わない。)から生じた所得,特に,公債,債券又は社債から生じた所得(公債,債券又は社債の割増金及び賞金を含む。)及びその他の所得で当該所得が生じた締約国の租税に関する法令上貸付金から生じた所得と同様に取り扱われるもの」をいいます(第11条第4項)。

(1) 利子源泉税

日蘭租税条約第11条では,政府機関等,銀行等に係る利子源泉税率は0%,それ以外は10%とされていますが,オランダには利子に関する源泉税がありませんので,日本の親会社に対する支払利子に源泉税は課されません。

一方，日本の親会社から支払われる利子については10％の源泉税が課税されます。当該源泉税はオランダ法人税から税額控除されます。

(2) **特典制限条項と導管取引防止規定**

特典制限条項は政府機関等，銀行等にのみ適用されるのに対し，導管取引防止規定は政府機関等，銀行等を含め全てに適用されます。

Q46 不動産，株式譲渡益

日蘭租税条約では，不動産及び株式の譲渡益の課税地についてどのように規定されていますか。また，オランダ会社の株式譲渡益に関して留意する点があれば教えてください。

Answer

不動産の譲渡益は，不動産の所在地国において課税されるのに対し，株式，債券等の譲渡益は，譲渡者の居住地国で課税されます（第13条）。

したがって，日本の会社がオランダ会社の株式を譲渡した場合，譲渡益は日本で課税されます。オランダ会社が保有する株式を譲渡したとき，キャピタルゲインはオランダで課税されますが，資本参加免税の適用条件を満たすときは非課税になります。この場合，日本のタックスヘイブン税制に留意する必要があります。株式譲渡益は，租税負担割合の計算において分母に非課税所得として加算されますので，租税負担割合が低下し，実効税率が20％未満となる可能性があるためです。タックスヘイブン税制の適用除外基準を満たさない場合，株式譲渡益を含む当該事業年度の利益は日本で合算課税されます。

（注） 2017年以降，日本のタックスヘイブン税制が改正される見込みです。

Q47 相互協議における仲裁手続

日蘭租税条約は，相互協議における仲裁手続が最初に規定された租税条約であると聞きましたが，どのように規定されていますか。

Answer

日蘭租税条約第24条第5項では，相互協議における仲裁手続に関し，次のように規定されています。

> (a) 一方の又は双方の締約国の措置によりある者がこの条約の規定に適合しない課税を受けた事案について，1の規定に従い，当該者が一方の締約国の権限のある当局に対して申立てをし，かつ，
> (b) 当該一方の締約国の権限のある当局から他方の締約国の権限のある当局に対し当該事案に関する協議の申立てをした日から二年以内に，2の規定に従い，両締約国の権限のある当局が当該事案を解決するために合意に達することができない場合において，
> 当該者が要請するときは，当該事案の未解決の事項は，仲裁者に付託される。

仲裁手続は相互協議の代替手段ではなく，相互協議の補助手段として相互協議の枠内で仲裁を義務付けています。相互協議事案が協議の開始から2年を経過しても解決に至らない場合，納税者は仲裁手続を要請することになります。仲裁の要請から2年以内に仲裁決定が終了するように手続が定められています。仲裁決定は独立した3名の仲裁人により構成される仲裁委員会によりなされ，納税者が仲裁決定を受け入れない場合を除き，両国を拘束することになります。

なお，裁判所又は行政審判所において仲裁事項に関する決定がすでにされている場合，仲裁要請は認められません。この仲裁規定の導入により，当局間の相互協議を通じた事案の解決が促進されることになり，二重課税リスク回避の可能性が高まると期待されています。

column 日本の移転価格文書化手続

　日本では，2016年の税制改正において，BEPS行動13に従い，移転価格文書の三層構造アプローチが適用され，国別報告書，マスターファイル，ローカルファイルの作成が導入されました。提出対象となる会社及び提出時期は，それぞれ次のとおりです。

(1) **マスターファイル**

　前年度の連結売上高が1,000億円を超えるグループの親会社は，マスターファイルを提出する必要があります。親会社の事業年度終了後1年以内に提出することになります。12月決算会社の場合，最初の適用事業年度は2017年12月期ですので，提出期限は2018年12月末となります。記載内容は，OECD移転価格ガイドライン第5章アネックス2に記載されている内容です。提出期限までに提出されないときは，罰金が課されるようですが，詳細は未定です。使用言語は，日本語又は英語とされています。

(2) **ローカルファイル**

　現行の移転価格規定との乖離が大きいこともあり，ローカルファイルの作成には1年間の猶予期間が与えられています。したがって，最初のローカルファイルは2017年4月1日開始事業年度からの適用となります。ローカルファイルの提出時期は税務申告書の提出時期と同じですので，原則として事業年度終了日から2か月以内，延長が認められたケースで3か月以内に作成することになります。12月決算会社の場合，最初のローカルファイルは2018年12月末に終了する事業年度について作成することになり，2019年2月28日又は3月31日が提出期限となります。ローカルファイルは申告書と同時に提出する必要はありませんが，税務当局からの求めに応じて提出することになり，提出依頼があったときは45日以内に提出します。45日経過した時点で提出されない場合，税務当局は推定課税をすることになりますので，期日内に提出することが重要です。小規模会社に対する除外規定があり，前年度の海外関連者との取引額が個社ベースで50億円を超えない場合，また無形資産取引に関して，海外関連者との個社ベース取引額が3億円を超えないときは，申告書と同時に文書を作成することは免除されます。ただし，この場合でも，税務当局から求めがあれば60日以内に文書を提出することになります。

(3) **国別報告書**

　2016年4月1日以降開始事業年度から，前年度の連結売上高が1,000億円を超えるグループの親会社は，事業年度終了後1年以内に提出することが求められます。12月決算会社の場合，最初の適用年度は2017年12月末に終了する事業年度ですので，提出期限は2018年12月末となります。報告書に記載すべき内容は，BEPS行動13最終報告書に記載されているとおりです。報告書は英語で作成されます。

> **column** インドネシア租税条約に係る改定議定書

2015年7月30日，オランダとインドネシアは，既存の租税条約の改定に関する議定書に調印しました。主要な改正点は，次のとおりです。
① 配　　当
　租税条約に規定されている資本金の25％以上を直接保有する会社に対して適用される源泉税率10％は，5％に引き下げられます。特定の年金ファンドに適用される源泉税率は10％，その他に適用される源泉税率は15％とされました。
② 利　　子
　インドネシアの国内利子源泉税は20％ですが，租税条約では2年以上の貸付期間など一定条件を満たす場合の源泉税率は0％とされていました。これが，5％に変更されました。

このように，配当源泉税，利子源泉税ともに5％に変更されましたが，他の租税条約と比較すると，オランダとの租税条約における軽減税率の取扱いは有利といえます。

また議定書では，受益者（ベネフィシャルオーナーシップ）に関して，OECDコメンタリーを適用すべきと述べられており，情報交換規定に関する修正，徴収共助条項の追加がなされていますが，税務行政執行共助条約，金融口座情報の自動情報交換に関する多国間協定に即した内容となっています。

第4章

付加価値税，関税に関するQ&A

● Point ●

　第4章では，付加価値税及び関税に関する質問を取り上げています。間接税のうちVAT（付加価値税）は，EU加盟国におけるクロスボーダーの製品，サービス取引に関連する税制です。

　付加価値税の基本となる仕組みは，EUVAT指令という形で公表され，各国の国内法に規定される方法が取られています。したがって，基本的な仕組みはEU共通ですが，詳細なルールはEU各国によって異なります。

　関税は，EU以外の国からのEUに対する製品輸入に対して課される税制ですが，2016年5月から新欧州連合関税法典（UCC）が適用されています。

1　付加価値税（VAT）

Q1　VATの基本的仕組み

VATの基本的な課税の仕組み（定義，税率，課税取引，インプットVATとアウトプットVAT）について教えてください。

Answer

1　定　　義

VATは，EU内で課税事業者が行う物品及びサービスの供給を対象とし，各流通段階における付加価値に対して課される間接税で，EU内取引にのみ課税されます。

EU参加国のVAT法は，VAT指令を通じて基本的な枠組みは調整されましたが，細かい点では多くの相違点があります。オランダでは，1969年1月にVAT法が制定されています。

2　税　　率

EU内の最低税率は15％と決められており，EU加盟国において税率は異なります。

オランダにおいては，物品，サービスに応じて標準税率21％（免税，軽減税率が適用される物品，サービス以外），軽減税率6％（食品，書籍，新聞，医薬品等），特別税率0％（保税倉庫内での作業，他のEU参加国への物品，サービスの供給など）

が適用されます。

3　課税取引

　VATは，免税取引を除き，全ての物品，サービスの供給に対し課税されます。製品とサービスでは課税地などの取扱いが異なります。EU外からの製品輸入に対しては輸入時点でVATが課税され，国内顧客に対する製品販売時にVATが課税されます。

　オランダから他のEU参加国に対する物品，サービスの供給に関する請求書には，「VATゼロ」と記載されます。これは「イントラコミュニティサプライ（供給）」と呼ばれ，製品取得者の所在地国においてVATを申告することになります。

　クロスボーダーの製品販売の場合，VATの申告義務が供給者から取得者に移転しますが，これはリバースチャージと呼ばれます。また，2010年，クロスボーダーサービスに関するVATの課税地はサービス受益者の所在地に変更されました。

4　インプットVATとアウトプットVAT

　課税事業に関連する物品，サービスの取得に係るインプットVATは，原則としてアウトプットVATと相殺されます。したがって，VATはインプットVATを全額控除又は還付できる場合は会社のコストにはなりませんが，全額控除できない場合もあります。また，国外におけるVAT還付には時間がかかり，全ての国がVATを還付する訳ではありません。

【VAT概要−課税の仕組み】

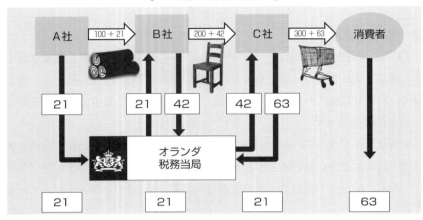

Q2 課税対象取引

VATの課税対象取引，課税対象額について教えてください。

Answer

1 課税対象取引

VATの課税対象取引は，次のような取引です。
① 物品の供給
  ・ 有形資産の処分権の引渡し
  ・ 国内供給，イントラコミュニティ供給，輸出
② サービスの供給
  ・ 国内サービスの供給
  ・ B2Bのイントラコミュニティ供給
③ イントラコミュニティ取得
  ・ 課税事業者による他のEU加盟国からの物品取得

- 非課税事業者による物品取得で一定額を超過する場合
- B2Bサービスのクロスボーダー取得に係るリバースチャージ

④ 物品の輸入
⑤ EU域外からのサービス取得に係るリバースチャージ

2 課税対象額

VATは課税対象額に対し課税されますが,課税対象額はサプライヤーが受け取った又は受け取ると考えられる全ての報酬対価であり,輸送,梱包等の付随費用は含まれますが,値引き額,顧客に代わって支出した費用の返済を受けた額は除かれます。

Q3 課税事業者

VATの課税事業者の定義について教えてください。また,課税事業者のVAT登録にはどの程度の期間が必要ですか。

Answer

1 課税事業者

VATの課税事業者は,「目的,結果に拘わらず,独立的,継続的に経済活動を営む全ての者である。」(オランダVAT法第7条)とされます。したがって,必ずしも利益を計上することは要求されません。経済活動には,生産,貿易,採鉱,農業,教育などが含まれます。原則として,株式を保有するだけでは経済活動には該当しません。オランダにおいて課税対象物品又はサービスの供給,イントラコミュニティ取得,遠隔地販売を事業として行う者が課税事業者となります。

2 VAT登録義務

課税事業者は事業開始時点でVAT登録を行う必要があり，VAT登録に関する最低取引額に関する規定はありません。遠隔地販売は100,000ユーロが最低取引額とされています。VAT登録には通常2～6週間程度かかります。

Q4 課税地

物品，サービスに関して，VATの課税地はどのように規定されていますか。

Answer

1 物品に係るVATの課税地

(1) オランダ国内供給

物品はオランダ国内にありますので，オランダで課税されます。

(2) イントラコミュニティ供給

物品は物理的にEU参加2か国間を移動しますが，出発地で課税されます。出発地がオランダであれば，オランダで課税となります（ただし税率は0％）。

(3) イントラコミュニティ取得

到着地のEU参加国で課税されますので，オランダが到着地であれば，オランダVAT税率21％が課税されます。リバースチャージにより，課税供給と取得の両方が認識されます。

(4) 物品の輸出

EU加盟国から第三国への物品移動は，出発地で課税されます。オランダからの輸出にはゼロ税率が適用されます。

(5) 物品の輸入

第三国からEU加盟国の到着地で課税されます。輸入国がオランダである場合オランダで課税されますが，輸入VATの延納制度があります。

2　サービスに係るVATの課税地

(1) B2B

課税事業者に対するサービス供給の場合，顧客所在国又はVATの固定的施設がある国で課税されます。オランダ国内のサービス提供はオランダで課税され，他のEU参加国からオランダ事業者に対するサービス提供はオランダ事業者にリバースチャージされます。

(2) B2C

非課税事業者に対するサービスの供給は，サービス供給者が所在する国又はVATの固定的施設がある国で課税されます。ただし，非課税事業者に対するデジタルサービスは，2015年1月以降，電子サービスの受給者である非課税事業者の所在地国で課税されることになりました。サービス供給者は，顧客所在地国でVAT登録するか，オランダ税務当局にMOSS（Mini One-Stop Shop）登録することも可能です。

(3) 不動産サービス

不動産に対するサービスは，当該不動産の所在地で課税されます。

Q5　課税時期

VATの課税時期（タイミング）について教えてください。

Answer

VATの課税時期は，理論的には物品供給又はサービス提供完了時点，あるいは物品輸入時点ですが，製品又はサービスが供給された月の翌月15日までにインボイスが発行される場合，オランダではインボイス日が課税時期とされます。分割払い又は前払いの場合もインボイスを発行する必要がありますが，この場合は支払期日又は入金日が課税時期となります。イントラコミュニティ取得は，翌月15日に課税されることになりますが，サプライヤーからの請求日が

これより早いときは，当該請求日が課税時期とされます。輸入の場合は，輸入時が課税時期です。B2Bのリバースチャージサービスはサービス提供時が課税時期とされますが，継続的な供給に対して年次請求する場合には，請求日を原則とし，例外規定によりVATの入金時点を課税時期とすることが認められる場合もあります。

Q6 輸入VATの延納制度（Article 23）

オランダでは輸入VATの延納制度があるようですが，これについて教えてください。当社はオランダに拠点を持っていませんが，延納制度を利用できますか。

Answer

輸入VATは原則として物品の輸入時に課税されますが，オランダには輸入VATの延納制度があり，資金負担は生じません。実務的には，VAT申告書において輸入VATを計上すると同時に同額を控除します。この優遇措置を適用するには，「Article 23」と呼ばれるライセンスが必要です。

オランダに拠点のない外国企業が物品を輸入販売する場合，納税代理人を任命し輸入VATの申告を委託する方法が一般的ですが，自社で延納ライセンスを取得して納税代理人に申告を委託するケースも見受けられます。

Q7 インプットVATの控除

VATの申告において，インプットVATは全額控除可能ですか。また，VATの還付にはどの程度期間がかかりますか。

Answer

1 インプットVATの控除可能性

VATに最終的には消費者が負担する税制であり、企業が課税取引を行う限り、理論的には企業が負担するものではありません。企業は物品又はサービスを購入してVAT（インプットVAT）を支払いますが、物品又はサービスを他の企業又は消費者に販売することによりVAT（アウトプットVAT）をチャージします。インプットVATは基本的にアウトプットVATと相殺することが認められますが、特定の取引に係るVATは控除できません。

インプットVATは、アウトプットVATとの控除可能性の観点から、①経済活動に直接関連する費用に係るインプットVAT、②金融活動のようにVAT法上免税となる活動に直接関連する費用に係るインプットVAT、③非経済活動に係るVATに分類されます。

経済活動に関するインプットVAT及びEU以外の会社に対する金融活動に係るインプットVATについては100％控除することが認められますが、EU内金融活動及び非経済活動に係るインプットVATは控除できません。課税事業と免税事業の両方を行う会社の場合、部分的に控除されることになります。VATゼロ税率が適用される取引と免税取引があり、両者はVATがゼロという点では同じですが、免税取引に対するインプットVATは控除できない点において大きく異なります。事業会社が持株機能も有するような場合、持株会社通達により持株機能を考慮に入れないで全額インプットVATの控除を認めていますが、今後の動向には留意が必要です。

2 経費に係るVATの取扱い

オランダではインプットVATの控除に関して、ギフト商品、227ユーロ（VATを除く）を超える従業員のベネフィット、カンパニーカー等について制限があります。また、飲食等に関するVATは控除できません。事業に関連する支出であれば、タクシー、広告、出張費、会議、セミナー、研修費などに係

るVATは控除可能です。

3 VATの還付

インプットVATがアウトプットVATを超過する場合には還付されますが、還付には申告書提出後4週間程度かかります。納税者は、正当なインボイス等を証拠書類として保管する必要があります。

【インプットVAT控除】

```
                    経済活動              非経済活動
           ┌─────────────────────────┐  ┌──────┐
インプットVAT  │  1      2a    2b    │  │  3   │
           │ 課税対象  2bを除  EU以外  │  │非経済活動│
           │  活動    く免除  の金融   │  │(VATの回収│
           │(VATの回収 (VAT   (VAT   │  │  0%)   │
           │  100%)   の回収  の回収   │  │        │
           │          0%)   100%)    │  │        │
           └─────────────────────────┘  └──────┘
```

Q8 VAT法上の固定的施設

PEに該当する場合、法人税が課税されますが、VAT法上の固定的施設とは、どのようなものですか。

Answer

VAT法上の固定的施設は、オランダにおいて給与が支給される従業員の有無、事務所又は倉庫の存在、顧客に対する対価性のあるサービス又は製品等の供給の有無により判定されます。オランダに事務所があり従業員が常駐している場合でも、製品又はサービスの供給がなければ、VAT法上、固定的施設とはされません。

VAT法上の固定的施設に該当する場合，VATの登録を行う必要があります。持株会社又は駐在員事務所のように経済活動を行わない場合はVAT法上の固定的施設には該当しませんので，VAT登録の必要はありませんが，VATの還付申請のために任意に登録する場合もあります。

Q9 VAT納税代理人制度

オランダではVATの納税代理人制度があり，オランダに拠点のない日系企業が物品を輸入する際に利用できると聞きましたが，これについて教えてください。

Answer

オランダに拠点のない外国法人が，物品又はサービスに関してVATの課税対象取引を行う場合，VATの申告に当たり納税代理人を選任することが多く行われています。納税代理人には，「Limited Fiscal Representative（制限納税代理人）」と「General Fiscal Representative（一般納税代理人）」の二つのタイプがあります。

(1) 制限納税代理人

制限納税代理人に委託する場合，外国法人はオランダでVAT登録する必要はありません。制限納税代理人のVAT番号を使用して申告することになります。また，制限納税代理人が「Article 23 license」を有する場合，輸入時にVATを支払う必要はありません。外国法人のVATは，制限納税代理人の申告書に含めて申告されます。外国法人が他のEU加盟国又はオランダ国内から物品を購入する場合には，制限納税代理人を利用することができません。その場合は，一般納税代理人に委託することになります。

(2) 一般納税代理人

一般納税代理人に委託する場合，外国法人がVAT登録を行います。この

場合,外国法人はオランダ商工会議所又は税務当局に登録して「Article 23 license」を申請し,一般納税代理人にVAT申告業務を委託することになります。VAT申告書は当該外国法人名で提出されますが,制限納税代理人の場合とは異なり,銀行保証を個別に差し入れる必要があります。

Q10 コールオフストック,コンサイメントストック

オランダ会社である当社は,ドイツの顧客のためにドイツ国内の倉庫に在庫を保有し,顧客からの注文に対応して出荷することを予定しています。この際,コールオフストック,コンサイメントストックではVATの取扱いが異なると聞きましたが,どのようになりますか。

Answer

コンサイメントストックは,オランダ会社がドイツの在庫を自ら保有管理する形です。この場合は,原則としてオランダ会社は,ドイツでVAT登録を行う必要があります。製品を移動した時点で供給(self-sale)とされます。VAT申告書において,ドイツのVAT税率を使用して「VAT on sales」,「VAT on purchases」を同額計上して,「Total VAT」はゼロと記入することになります。その後,顧客に販売された時点でドイツVATをチャージします。この場合にもECセールスリスト,イントラスタット報告書の提出は必要です。

一方,コールオフストックは,オランダ会社名義の在庫として他のEU参加国の倉庫に保管しますが,当該在庫に対する管理は顧客が行うようなケースです。この場合,オランダ会社は,ドイツで非居住法人としてVAT登録する必要はありません。販売に関しては,イントラコミュニティ供給として処理されますので,顧客宛インボイスにはVATゼロと記載されます。

(注) 上記は原則的取扱いについて述べています。ドイツ側のVATの取扱いは,個

別に確認する必要があります。

Q11 リバースチャージ

オランダ会社がドイツの顧客に製品を販売する場合，リバースチャージにより，インボイス上，オランダVATはゼロと記載されると聞きましたが，リバースチャージとはどのようなものですか。また，日本の会社がオランダの顧客に製品を販売する場合は国内リバースチャージが適用されるようですが，これについて教えてください。

Answer

1 リバースチャージ

オランダ会社がドイツの顧客に対して製品を販売する場合のインボイスにはリバースチャージが適用され，VATはゼロと記載されます。

VATは物品，サービスのサプライヤーが申告を行い納税する形を原則としますが，その例外がリバースチャージです。リバースチャージは，供給者から取得者にVATの申告納税義務が移転する仕組みです。EU内クロスボーダーの製品又はB2Bサービスの供給にも適用されます。

リバースチャージが適用される場合，供給者はインボイスにおいてVAT税率0％と記載しますが，取得者は自国の税率によりVATを自己評価し申告します。この場合，輸送書類，売上請求書，注文書及び支払に関する証拠等により，物品が実際に他のEU参加国に搬送されたことを証明する必要があります。またEU内取引については，「EU sales list」を作成し提出します。このようにEU内取引に関する証明が可能であり，かつ顧客のVAT登録番号をインボイスに記載できる場合，イントラコミュニティサプライとして0％税率を適用することになります。

2　国内リバースチャージ

オランダでは、VAT登録をしていない非居住法人（日本法人）がオランダ居住法人に製品又はサービスを供給する場合に、リバースチャージ（国内リバースチャージ）が適用されます。非居住法人はVATをチャージする必要がなく、VAT登録の必要はありません。したがって、輸入VATの申告を制限納税代理人に委託し国内リバースチャージを適用する場合には、VATの登録が必要ないことになります。

【国内リバースチャージメカニズム】

▶ 販売者から購入者へVATの申告義務が移転する仕組み

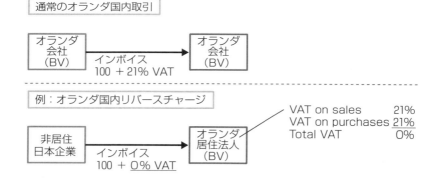

Q12　チェーン取引（ABC取引）

オランダ統括会社が、フランス製造子会社から製品を購入してドイツの販売子会社に販売する場合、オランダ会社はフランス及びドイツでVAT登録の必要はありますか。

Answer

オランダ会社がフランス会社から製品を購入し、ドイツの販売子会社に販売

するような場合，三者間チェーン取引に該当するときは，オランダ会社はフランス及びドイツでのVAT登録は必要ありません。

　三者間チェーン取引とは，例えば，オランダの課税事業者が他のEU参加国（フランス）の課税事業者から物品を購入して，別のEU参加国（ドイツ）の課税事業者に直送販売するケースです。この場合，オランダ会社はフランス子会社及びドイツの販売子会社との間でイントラコミュニティ取引を行うことが認められます。フランス子会社からオランダ会社が受け取るインボイスには「VATゼロ」と記載され，また，オランダ会社からドイツの販売子会社に発行されるインボイスにも「VATゼロ」と記載されます。したがって，この連鎖取引による場合，オランダ会社はフランス及びドイツにおいてVAT登録の必要はありません。

【チェーン取引（ABC取引）】

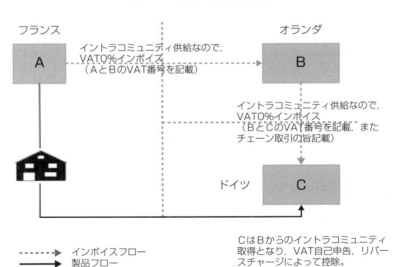

Q13 サービスに係るVAT

当社はオランダ会社です。当社からドイツの顧客に対するＢ２Ｂサービスについて，インボイスに記載されるＶＡＴ税率は，どの国の税率が適用されますか。また，日本の親会社から当社に対するサービスについて，オランダでＶＡＴの申告を行う必要はありますか。

Answer

1 Ｂ２Ｂクロスボーダーサービスの課税地

2010年以降，Ｂ２Ｂのクロスボーダーサービスの課税地が消費地に変更され，サービスの提供地は顧客所在地とされました。したがって，Ｂ２Ｂのクロスボーダーサービスにはリバースチャージが適用されます。サービスが顧客の国外支店に提供される場合，当該サービスは支店所在地国で提供されたものとされます。

このように，貴社が提供したＢ２Ｂクロスボーダーサービスに係るＶＡＴはドイツ顧客がインボイスを受け取った時点で自己評価することになりますので，インボイスには「ＶＡＴゼロ」と記載されます。

2 日本の親会社からのサービスに係るＶＡＴ

日本の親会社からオランダ会社に対するサービスについて，例えば，親会社がオランダ会社のために支出した弁護士費用等の知的サービスをリチャージする場合はオランダ会社が純粋持株会社のようにＶＡＴ法上非課税法人であっても，オランダ会社はリバースチャージによりオランダでＶＡＴを申告する必要があります。オランダ法人が課税法人であるときは，リバースチャージされたオランダＶＡＴをアウトプットＶＡＴと相殺することが認められます。オランダ法人が課税と免税取引の両方を行っているときは，部分的免除の取扱いが適

用されます。

【サービスの課税地】
原則：

B2B：課税事業者に対するサービスの供給
▶ 顧客が位置する，又はVATの固定的施設がある場所で課税

B2C：非課税事業者に対するサービスの供給
▶ サービス供給者が位置する，又はVATの固定的施設がある場所で課税

上記の例外：
▶ 不動産に関するサービス→ 当該不動産の所在地

Q14 インボイス

課税事業者が物品の供給，サービスの供給を行う場合，インボイスの発行が義務付けられているようですが，インボイスについて教えてください。

Answer

インボイスについて，オランダでは使用言語に関する規定はありませんが，オランダ語，英語，ドイツ語等の使用が望ましいとされます。他国通貨でインボイスを発行することも認められますが，請求額は，インボイス発行日のオランダ銀行から公表される為替レートでユーロに換算した額を併記します。

インボイスは明細を添付して7年間（不動産の場合10年間）保管する必要があります。

(1) **インボイスの記載事項**
- 日付，請求番号
- 供給者，顧客の氏名，住所
- 供給者のVAT ID番号
- 取得者のVAT ID番号

- デリバリー日付（請求日と異なる場合）
- デリバリー数量
- 物品又はサービスに関する明確な記述
- VAT税抜き価格
- 税率, VAT金額（0％の場合, 輸出, リバースチャージ, イントラコミュニティ供給など）
- 請求額

(2) 月次インボイス，簡易インボイス，電子インボイス

月次インボイスは，取引発生月の翌月15日までに発行する必要があります。

簡易インボイスは，請求額が100ユーロ以下の場合又はクレジットノートの発行において認められます。ただし，イントラコミュニティ供給や遠隔地販売については認められない場合があります。簡易インボイスでは，日付，供給側（課税事業者）に係る情報，取引に係る物品やサービスに係る情報，VAT額の記載が必要となります。クレジットノートの場合，オリジナルのインボイスからの情報を引用し修正内容について明確に示す必要があります。

電子インボイスは，紙のインボイスと同等とみなされます。これはEU加盟国内で共通ですが，その対応は各国に委ねられています。

Q15 グループ納税

VATに関するグループ納税と，その留意事項について教えてください。また，持株会社をグループ納税に含めることは認められますか。

Answer

1 VATグループ納税

独立した複数の法人が財務的，経済的，組織的に密接に関連している場合，

一つのVATグループとして取り扱うことができます。VATグループに属する事業者間の取引は，課税対象取引とは見なされません。この場合，VATグループとして申告を行うことになります。

グループ納税に関する留意事項は，下記のとおりです。
- VAT法上の固定的施設も含められる
- オランダ税務当局が許可した日の翌月から適用される
- 終了する場合，オランダ税務当局に対し書面で通知する
- 特定の会社によって50％超の株式が直接又は間接に保有されている
- 特定の会社が参加会社の事業上の管理を行っている

2 持株会社とグループ納税

オランダを含むいくつかのEU加盟国では，経済活動を行わない持株会社をVATグループに含めることを認めていますが（1991年 Dutch holding Decree），これにより，持株会社単独ではVAT控除（還付）対象とはならないインプットVATをグループVATの一部として還付請求することが可能となっています。

2013年4月，欧州司法裁判所（ECJ）は，VATグループ納税に非課税事業者（Non-taxable persons）を含むことについて，欧州VAT指令に反するものではないとの判決を下しました。欧州委員会は，VATグループ納税をVAT課税事業者にのみ適用すべきであり，従わない場合は違反行為であるとの立場でしたが，欧州司法裁判所は，VAT規定や判例を踏まえ，非課税事業者をVATグループに含むことを容認すべきとの判決を下しました。

Q16 申告方法

オランダにおけるVAT申告書の提出は，どのように行いますか。また，申告書を期限までに提出しなかった場合，ペナルティはありますか。

Answer

　オランダでは，四半期のVAT納付額が15,000ユーロ以下の場合，原則として四半期毎に翌月末までに申告書を提出します。四半期のVAT納付額が15,000ユーロを超える場合は月次申告書を提出し，VAT納付額が1,883ユーロ以下の場合は年次申告書を翌年3月31日までに提出することができます。

　オランダでは，原則として電子申告されます。還付ポジションにある場合，月次申告をオランダ当局に申請することができます。

　申告書を期日までに提出しない場合，原則として65ユーロ（最高131ユーロ）の罰金が課されます。納税額の誤りにより納付が遅れた場合は，最高5,278ユーロの罰金が課されます。納税者が意図的に支払いを遅らせた場合，納税額の25％から100％の罰金が課されます。納税者が誤納について承知しているにもかかわらず当局に通知しなかったときは，誤納額の100％相当額の罰金が課されます。

Q17　EUセールスリスト，イントラスタット報告

　オランダ会社が他のEU加盟国の課税事業者と取引を行う場合，EUセールスリスト，イントラスタット報告を提出する義務があると聞きましたが，どのようなときに提出が求められますか。また，提出しなかった場合，ペナルティはありますか。

Answer

　オランダ会社がEU内におけるVAT課税事業者に対してイントラコミュニティ供給を行った場合，EUセールスリストを作成する必要があります。オランダでは，直近四半期又は過去4四半期のいずれかにおいて，イントラコミュニティサプライによる製品又はサービスの提供が50,000ユーロ（2016年）を超

えている場合，毎月翌月末までにEUセールスリストを提出します。これに該当しない場合は四半期ベースで提出します。EUセールスリストが期限までに提出されない場合又は記載誤りがあった場合，最高4,920ユーロの罰金が課されます。

オランダ会社が他のEU加盟国の課税事業者とB2B取引を行う場合，イントラスタットと呼ばれる統計報告を提出する必要があります。イントラスタット報告書は，イントラコミュニティ取得又は供給がそれぞれ1,500,000ユーロを超える場合，毎月翌月10営業日までに提出します。イントラスタット報告を怠たると，最高5,000ユーロの罰金が課されます。

Q18　VATの還付方法

オランダ会社がオランダ以外のEU加盟国で支払ったVATは，還付を受けられますか。また，日本の会社がEU加盟国で支払ったVATは，還付を受けられますか。

Answer

2010年1月以降，EU加盟国にVAT登録をしている法人は，他の加盟国で支払ったVATの還付を受けられます。従来，オランダ会社はVAT支払国の税務当局に還付申請をしていましたが，オランダ税務当局を通じて，翌年9月30日までに還付申請を行います。2008／9指令に基づく還付申請が行われると，オランダ税務当局は4か月プラス10日以内に還付に関する決定を行います。還付申請者からの詳細な情報が必要なときは，決定に要する期間は8か月延長されます。

EUでVAT登録をしていない日本の会社がVATの還付申請を行うことも可能です。この場合，翌年6月30日までにEU第13号指令に基づく還付申請を行いますが，5年以内であれば還付申請を行うことができます。第13号指令によ

る還付申請の場合，申請日より6か月以内に還付されます。還付対象期間は通常3か月ですが，最長1年間を対象として還付申請をすることも可能です。還付が遅れた場合には利子が賦課されます。

(注) 2017年タックスプランでは，支払期日から1年を超える滞留債権に係るVATの還付手続の簡素化が予定されています。

Q19　VAT申告の事例

当社（日本法人）はEU内の販売子会社を通じて顧客に製品を販売していますが，オランダに組立物流目的の子会社を設立して，オランダに半製品の状態で輸入し，当該子会社に倉庫内で組立加工作業を委託し，当社の名義で最終製品を保管する予定です。各国子会社に対し製品を販売し，オランダ組立物流子会社の倉庫内で所有権移転を行うことを考えていますが，この場合，当社のVAT申告及び各国販売子会社のVAT処理はどのようになりますか。なお，当該倉庫は保税倉庫ではありません。

Answer

1　貴社のVAT申告

貴社の半製品をオランダに輸入する際，貴社は関税及びVATを申告することになります。オランダ物流子会社が，VAT納税代理人として貴社に代わりVATの申告納付することは可能です。納税代理には，二つの方法があります。貴社が自己のVAT番号を取得し，貴社の名前でVAT申告書を提出する方法と，オランダ子会社のVAT番号を使用し，オランダ子会社のVAT申告書に貴社のVATを含めて申告する方法です。また，輸入VATの延納ライセンスを貴社自ら取得する又はオランダ子会社のライセンスを適用して，輸入VATを延納することが認められます。

貴社は，オランダ国内で各国販売会社に対して売上を計上しますが，オランダ国内での物品販売ですので，貴社は請求書上，オランダVATを請求します。ただし，各国販売会社の支店がオランダにある場合には，非居住法人である貴社はオランダVATを請求せずに国内リバースチャージが適用されます。

2　各国子会社のVAT申告

　各国子会社はオランダにおいて在庫を保有しますので，オランダでVAT登録する必要があります。製品を自国の顧客に販売する場合，一旦製品をオランダから各国に移動し，各国の国内取引として顧客に販売し，当該国のVATを請求する方法，又はオランダ会社から顧客に直送し，イントラコミュニティサプライとして取り扱う方法があります。後者の場合，イントラコミュニティサプライですのでVAT税率ゼロとなります。前者の場合，オランダから製品を移動する際，各国に移動した時点で各国においてインプットVATとアウトプットVATを計上して相殺します。その後，自国内の顧客に販売した時点でVATを請求することになります。

2 関　　　税

Q20　関税の基本的仕組み

関税とは，どのような税制ですか。また，関税評価額について教えてください。

Answer

1 関　　　税

　関税は，EU以外の第三国からEU域内に物品を輸入する時点で課税されます。その後のEU内の物品移動には課税されません。したがって，オランダで輸入された貨物は，EU域内において関税を課されることなく自由に移動させることができます。

　関税法上，EUは一つのテリトリーとみなされ，関税法上の国境は存在しません。1993年，EUにシングルマーケット（単一市場）が導入され，加盟国間のボーダーを関税コントロールを受けずに自由に物品を移動させることができるようになり，EUに輸入された物品は域内において追加的に関税を支払うことなく自由に流通させることが可能となりました。

　EU域内の物品流通は，輸入，輸出ではなく，供給，取得という取扱いに変更され，輸出入という用語は，EUと第三国との間に限り使用されています。

2 関税評価額

関税は、貨物の分類（Classification）、評価（Value）、原産地（Origin）により決定されます。オランダの関税評価額に関する規定は、EC関税法及び施行規則に規定されている評価方法と基本的に同様です。オランダ当局が使用している関税ハンドブックには関税評価額に対する指導及び解釈指針が示されており、EC関税法委員会の決定事項も含まれています。

Q21 税率，評価方法

関税の課税標準に関連して、税率及び評価方法について留意すべき点はありますか。

Answer

1 税　率

関税率の適用においては、物品の分類を正確に行うことが重要です。これを誤ると、関税納付額は過大又は過少になります。製品仕様の解釈により分類が異なる可能性もあり、慎重な対応が必要です。

EUにおける共通関税制度として、合同関税品目分類表（CN：Combined Nomenclature）及び欧州共同体統合関税率（TARIC）が定められています。欧州委員会のデータベースで、CNコード、原産国別に関税率を検索することができます。

また、事業者は、EU加盟国の税務当局に対し拘束的関税分類情報（BTI）を申請することができます。BTIは原則として3年間有効（従来6年間）であり、基本的にはEU加盟国において同様の取扱いを受けることができます。

2 評価方法

関税は、取引価格（transaction value）を基準に課税される従価税です。取引

価格を関税評価額とする場合，販売者と購入者が関連者であっても，当該取引価格が「独立企業価格原則」に基づく価格である場合には認められます。このように，関税評価額と移転価格には関連性があります。税関が評価額の妥当性を調査する際に移転価格文書を利用することがあり，オランダでは法人税部署と関税部署による情報交換が行われています。

取引価格には，コミッション，手数料，ロイヤルティ（デザイン，研究開発のように，製品との直接関連性を有し販売との関連で支払いが約定されているもの），ライセンスフィー（製品との直接関連性を有し販売との関連での支払いが約定されているもの），EU国境までの保険料，運賃等が含まれます。従来，これらの費用が物品価格と区別できる場合は一定条件のもとで関税評価額から除外することが認められていましたが，2016年5月から適用されているUCC（新欧州連合関税法典）では異なる取扱いがされています。

Q22 関税優遇措置

関税に関する優遇措置として，どのようなものがありますか。

Answer

EUは多くの国と地域の間に自由貿易協定，関税優遇協定を締結しており，優遇措置の適用を受ける国々からの製品輸入は非課税又は軽減措置を受けられます。日本とEUとの間でも，現在，自由貿易協定（FTA）の交渉が行われています。

また，2014年1月から2023年末まで，一般特恵関税制度（GSP）の適用に関する欧州議会，理事会規則978／2012による規定が適用されます。GSPには標準的なGSP，GSPプラス，EBAの3種類があり，それぞれ受益国が異なります。リストは適宜更新されており，絞込みがされていますので，留意が必要です。

EUには，保税倉庫，保税加工などにより関税を免除又は延納する制度が存

在します。このような優遇措置を受けるには当局に申請する必要がありますが，EU内に設立された会社でなければなりません。

1　保税倉庫

　貨物が到着した時点から輸入時点までタイムラグがある場合，貨物を保税倉庫で保管することができます。保税倉庫に保管する期間に制限はありません。EU外の顧客に保税のまま（T1）販売することも可能です。税関の監視下で貨物を保税倉庫に保管するには，ライセンスが必要となります。

(1) メリット

- 通関時点まで関税，輸入VATを延納できる
- 月次ベースでの輸入申告が可能である
- 輸入月の翌月15日まで関税支払いを繰り延べられる

(2) ライセンス

　ライセンスを保有する物流業者の保税倉庫を利用することもできますが，オランダに中央倉庫を持つ場合，自社のライセンスを取得するケースも考えられます。オランダで利用されている保税倉庫にはいくつかのタイプがあり，保税倉庫内でパッキング，品質チェック，ラベリングなどを行うことができますが，OPR（再輸入加工減免措置），IPR（再輸出加工減免措置）のような保税加工を行うときは追加のライセンスが必要になります。

2　保税加工

　保税加工に関して関税を免除する制度として，OPRとIPRがあります。

(1) OPR

　OPR（Outward processing relief）は再輸入加工減免措置であり，EUから搬送された原材料，部品等をEU外で加工・修繕して再輸入する場合，関税の一部を免除する制度です。

(2) IPR

　IPR（Inward processing relief）は再輸出加工減免措置であり，EU域内で加工

された後,域外に再輸出予定の製品について関税を免除する制度です。

Q23 関税代理人制度

当社は,オランダに拠点のない日本企業です。当社からEUに製品を輸出する際の条件がDDUからDDPに変更となりました。これについて,何か留意すべきことはありますか。

Answer

日本からの輸出条件がDDU(Delivered Duty Unpaid)からDDP(Delivered Duty Paid)に変更になるようなときは,貴社が輸入者となりますので,オランダに拠点がない場合,関税代理人(Custom agent)を利用することになります。貴社がEUに製品を輸入する場合,支店などの恒久的施設がないときは直接輸入者となることはできません。この場合,関税代理人が輸入代行しますが,これには直接代理と間接代理があります。直接代理は,関税代理人が貴社の名前で関税申告書を提出するのに対し,間接代理は,関税代理人が自己の名前で貴社のために関税申告を行います。

Q24 AEO

AEOの意義，メリット，取得手続について教えてください。また，2016年5月から適用されているUCCは，AEOにどのような影響がありますか。

Answer

1 意 義

AEO（Authorised Economic Operator）とは，一定の基準を満たす認可事業者に対してセキュリティ，税関手続の簡素化などの優遇措置を与える制度であり，2008年1月から導入されています。この制度の対象となる事業者は，関税当局による関与を受ける可能性のある事業活動を行う会社であり，輸出入業者以外に製造業者，倉庫業者，運送業者，貨物取扱業者も含まれます。AEOを申請できる事業者は，上記の税関業務に関与する事業者であり，EU内取引のみ行う事業者は対象外とされます。AEO証明には，Security, Customs Simplication 及び Full があります。

2 メリット

AEO証明によりサプライチェーンにおけるパートナー会社からの信頼を獲得し，顧客満足度が向上することになります。加えて，下記のメリットもあります。

① サプライチェーンにおける予見性の確保

優先的に検査を受けられるので，リードタイムの縮小になります。

② 信頼性の増大

AEOは市場だけでなく当局に対する品質マークでもあり，検査及び提出書類の軽減に繋がります。

③　事業活動

　　税関手続の簡素化により，ジャストインタイムデリバリーが可能となります。

3　取得手続

　AEO証明を取得するには，通関業務に係る適切なコンプライアンス記録の整備，適切な通関業務を可能にする十分な管理システムの整備，健全な財務状況，適切なセキュリティ体制の維持構築などの要件が充足される必要があります。申請事業者の子会社がEU内にある場合，当該所在地国でAEO証明に関する申請を行います。証明書発行後，AEOが条件，基準に適合しているかについてモニタリングを受けることになります。

4　新欧州連合関税法典（UCC）の影響

　新欧州連合関税法典（Union Customs Code：UCC）は，AEOの認定業者だけでなく，認定を受けようとする会社にも影響があります。認定を受けようとする会社は，事業活動に直接関連する適格な実務基準又は専門家としての資格を有する必要があります。また，ローカル通関手続のような簡易通関手続を利用する会社は，2016年5月1日以降，AEOの関税簡易資格を有する会社しかその適用が認められなくなりました。

　UCCでは，中央集約されたクリアランス，自己評価が導入されており，関税延納保証の減額，事業者と税関との電子交信を通じての透明性向上，拘束的取扱い，評価額に関する決定，罰金などの改正が行われています。

Q25 新欧州連合関税法典(UCC)

2016年5月1日から適用されているUCCは,どのような点が改正されましたか。また,留意すべきことはありますか。

Answer

1 主要な改正点

(1) **製品等の関税評価額に関する重要な改正**

今回の最も重要な改正点は製品等の関税評価額に関する事項であり,特に国際的に関連会社間での製品等を供給する多国籍企業は影響を受ける可能性があります。複数の会社が関与するチェーン取引において,関税評価額の決定方法に関するルールが変更され,輸入に際してロイヤルティやライセンス料を支払うような会社は,新関税規則の与える影響に留意する必要があります。

(2) **拘束的情報(Binding Information)**

拘束的情報に関する変更は,税関から関税率及び原産地に関する情報を取得している会社に大きな影響を及ぼす可能性があります。今後,拘束的情報を取得する予定の会社にも関わります。

(3) **製品加工**

関税管理の下で製品加工を行うような場合,あるいは関税管理の下で製品加工の段取りを行うような場合がこれに該当します。

2 UCC導入の背景

UCC導入の背景として,今日のグローバル経済における税関の役割が変容したこと,税関はサプライチェーンの中で国際間貿易を監督・管理する先導的な役割を担っており,関税規則は現在の経済状況,税関の役割を反映する必要があること,関税及び貿易取引は,貿易促進の観点からペーパーレス化・電子化されることなどが挙げられます。

3　関税評価額

　関税は関税評価額に関税率を乗じて計算されますが，WTOの関税評価に関する合意では，関税評価額を決定するための国際的な法的枠組みが提供されています。関税評価額は一般的に製品等の取引価額であり，調整が必要な場合を除き取引価格となります。

4　ファーストセール

　UCC導入前はファーストセールの使用が認められていましたが，UCCではラストセールが適用されます。取引価額は，EU内に製品等を持ち込む直前の販売価格に基づき決定されます。ラストセールは製造会社から本社への販売価格ではなく本社からオランダ会社への販売価格であり，関税評価額はアップすることになります。

5　保税倉庫

　UCCでは，保税倉庫からEU域内に製品を移動する場合，保税倉庫の入庫時の取引価格ではなく，保税倉庫から自由流通に移動されるときの引渡し価格によるとされており，関税評価額は高くなります。

6　ロイヤルティ，ライセンス料

　輸入貨物に係る知的財産，無形資産に関するロイヤルティ，ライセンス料は，当該支払いが製品等に直接関連するものであり，購入者が販売条件として当該支払いを行わざるを得ないような場合にのみ関税評価額に含まれるとされていましたが，UCCでは販売条件の定義が拡大されており，買い手がライセンサーに対しロイヤルティ，ライセンス料を支払わなければ貨物を購入できない場合は，販売条件を満たすとされます。

　UCC導入前は商標に係るロイヤルティには例外規定があり，購入者が販売者の非関連者であるサプライヤーから自由に製品調達できる場合，取引価額に含める必要はありませんでした。UCCでは商標権に対する例外規定が廃止さ

れており，商標権使用料が製品に関連し，販売条件として支払われる場合，取引価額に含められます。

7 拘束的関税分類情報（BTI），拘束的原産地情報（BOI）

納税者からの申請に基づき，税関から拘束的取扱いに関する合意を取得することができます。これには製品等の関税率の適用に関する取扱い（BTI）及び製品等の原産地に関する取扱い（BOI）が含まれ，EU加盟国全ての税関を拘束するものであり，有効期間は3年です。

UCCにおける拘束的取扱いは税関と保有者の両者を拘束するものであり，BTIに関する決定の対象となる製品等の保有者又はその代理人による関税手続が行われる場合，保有者は申告に当たりその旨を示し，かつBTI決定番号を示す必要があります。

2016年5月1日以前の拘束的取扱いは，当該取扱いによって決定された適用期間に対して有効であり，UCCの下で税関，保有者の両者を拘束することになります。BTIの確認を行い，2016年5月1日以降のBTI番号が適用される製品等の関税申告では当該番号を示す必要があります。

【UCC：重要な改正】

▶ CCC（Community Customs Code）

- ▸ 輸出における連続的な販売の場合，「ファーストセール」が適用可能
- ▸ 購入者が使用料又はライセンス料を第三者に支払う場合，販売者又は販売者の関連者が購入者に当該支払いを求めないときは，販売に関して要求される条件を満たしているとは認められない
- ▸ 「調達の自由」が適用される場合，商標権使用料は非課税
- ▸ 6年間有効
- ▸ 申請者は保有者以外も可能
- ▸ 保有者はEU内に設立されている必要なし
- ▸ 税関を拘束する
- ▸ 保有者は関税手続においてBT番号を示す必要はない

▶ UCC（Union Customs Code）

- ▸ 輸出における「ラストセール」が適用
- ▸ 販売に関して要求される条件は，使用料又はライセンスの供与者に対する報酬を支払わなければ製品が販売又は購入できないようなケースにも拡大適用
- ▸ 商標権使用料に対する規定は廃止
- ▸ 3年間有効
- ▸ 申請者／保有者はEU内に設立されていることが必要
- ▸ 税関，保有者の両方を拘束する
- ▸ 保有者は関税手続においてBT番号を示す必要がある

第5章

個人所得税に関するQ&A

● Point ●

　第5章では，オランダの個人所得税，社会保障制度に関する質問を取り上げています。個人所得税の計算，駐在員に認められる30%ルーリング，滞在許可証の手続などは，日本企業にとって特に重要な項目といえます。

　社会保障に関しては，2009年から日蘭社会保障協定が施行されており，5年以下の短期滞在の駐在員の場合，社会保障費の二重払いは解消されています。

　日本人の労働許可証は，2015年に不要とされましたが，2017年1月以降再び必要となりました。

1 個人所得税

Q1 居住者，非居住者及び部分的非居住者

個人所得税における居住者と非居住者の区分について教えてください。また，日本人駐在員は部分的非居住者を選択できると聞きましたが，税務上の取扱いはどのようになりますか。

Answer

1 居住者，非居住者

オランダ居住者は全世界所得に対し課税されるのに対し，非居住者は税法で定められた特定のオランダ源泉所得についてのみ課税されます。したがって，オランダ居住者は外国で発生した預金利息や家賃収入等も課税対象とされます。

居住地の判定について税法には具体的に規定されていませんので，個人の状況，事実関係を勘案して，納税者が主として生計を営んでいる場所が居住地とされます。判例では，家族が同居していること，永久的，継続的に住んでいる住居の所在地，オランダでの就業期間等が判定要素とされています。国籍や滞在許可の有無は直接関係しませんが，併せて住民登録，主要銀行口座の開設場所なども考慮されます。

2 部分的非居住者

日本人駐在員は，30％ルーリングを適用している期間について「部分的非居

住者（Partial non-resident）」を選択できます。部分的非居住者とは，課税所得区分におけるボックス１については居住者（全世界所得課税），ボックス２及び３は非居住者（オランダ源泉所得課税）として取り扱われる税務上のステイタスです。

　日本人駐在員の場合，給与所得は日本払い給与を含む全世界所得課税となりますが，それ以外の日本の銀行預金利子などに関する課税は非居住者の取扱いとなり，課税されません。

Q2　183日ルール

　海外出張者などの短期滞在者の給与所得の課税関係を決める際に適用される「183日ルール」とは，どのようなものですか。

Answer

　給与所得は実際に勤務が行われた国で課税されますが，短期滞在者の所得税免除の基準として，いわゆる「183日ルール」が規定されています。これは，183日を超えない短期滞在者については居住国で給与課税されるというルールです。

　183日ルールの適用条件は，給与支払者（日本法人）は，勤務が実際に行われた国（オランダ）の居住者でないこと，勤務の行われている国（オランダ）に支店等のPEを有する場合，その報酬をPEが負担していないこととされています。

　したがって，日本からの出張者のオランダ滞在日数が183日以下であり，当該人件費をオランダ支店が負担していない場合，オランダでの給与課税は行われないことになります。

Q3 個人所得の計算

オランダの個人所得の計算は、どのように行われますか。

Answer

個人所得は三つのボックスに区分して計算され、それぞれに応じた税率により課税されます。原則として、ボックス間の損益通算は認められません。2015年の税率は下記のとおりです。

ボックス１：雇用所得、事業所得、居住用住宅に対するみなし課税

課税所得額	税率
19,922ユーロ未満	36.55％（注）
19,922ユーロ以上　33,715ユーロ以下	40.15％（注）
33,716ユーロ以上　66,421ユーロ以下	40.15％
66,422ユーロ以上	52％

（注）　国民保険料28.15％が含まれます。

雇用所得には、給与、賃金、年金、失業手当、ストックオプション、役員報酬、ボーナス、カンパニーカー、各種手当が含まれます。日本払いの給与のうち、オランダ勤務対応分についてはオランダの雇用所得に含められます。

ボックス２：実質的株式所有（国内外会社の株式を５％以上保有）に起因する所得に対する課税［税率25％］

日本人駐在員は部分的非居住者のステイタスを選択できますので、通常課税されません。

ボックス３：貯蓄、投資所得に関するみなし課税［平均資産価値の４％、税率30％］

日本人駐在員は部分的非居住者のステイタスを選択できますので，日本の預金等について課税されることはありません。ただし，30％ルーリングが終了しますと部分的非居住者ではなくなり，日本の預金等についても課税されます。

(注) 2017年タックスプランでは，平均資産価値のうち75,000ユーロまでは2.91％，975,000ユーロまでは4.69％，975,000ユーロを超える部分については5.50％に改正されます。

Q4 役員報酬と留守宅手当

当社（日本の親会社）では，役員をオランダ子会社に出向させることを検討しています。この場合，役員報酬の課税及び日本に残る家族に支給する留守宅手当の課税はどのようになりますか。

Answer

オランダ子会社に日本の親会社の役員が出向する際，親会社が役員報酬部分を負担し，日本に残る家族に対し留守宅手当を支払うことがありますが，この場合，役員報酬，留守宅手当の課税が問題になります。

貴社役員は日本から出国した時点で税務上の立場は日本の非居住者となりますが，日蘭租税条約第15条では，「一方の締約国の居住者が他方の締約国の居住者である法人の役員の資格で取得する役員報酬その他の支払金に対しては，当該他方の締約国において租税を課することができる。」とされています。したがって，貴社が負担する当該役員の役員報酬は日本において課税されます。

また，留守宅手当は海外勤務に関連して支払われるものですが，オランダの課税所得に含めるかどうかの検討が必要になります。

Q5 30%ルーリング

日本人駐在員に適用される30%ルーリング制度とは，どのようなものですか。

Answer

30%ルーリング（30% concession / facility）とは，外国からの駐在員の所得税を軽減するための賞与を含む報酬総額の30%を非課税とする制度であり，最高8年間適用可能です。ルーリングを取得した場合，駐在員の個人所得税の実効税率は，およそ36.4%（70%×52%）となります。この場合，30%非課税部分と70%課税部分の分割について雇用契約書に規定する必要があります。

また，部分的非居住者のステイタスを選択することが可能となり，税務上有利な取扱いを受けることができます。さらに，インターナショナルスクールの学費を非課税支給すること，運転免許証の交換が認められます。

(1) **適用条件**

30%ルーリングの適用条件は，下記のとおりです。

① オランダ国外からの採用又はオランダへの派遣であること
② 雇用所得がオランダ賃金税の対象とされてからの適用となること
③ オランダの労働市場では採用しがたい特別な技能を有すること
④ 申請者のネット給与額は36,889ユーロ，30%ルーリングを含むグロス給与額は52,659ユーロ（30歳以下の場合，ネット給与28,041ユーロ，グロス給与40,059ユーロ）であること
⑤ オランダで雇用される前の24か月の内16か月を超える期間，オランダとの国境から150kmを超える地域に居住していたこと
⑥ 雇用契約書において，給与に30%の非課税手当が含まれる旨，労使双方が同意していること

(2) 申請時期

オランダ到着後4か月以内に、外国人を管轄するヘーレン（Heerlen）の税務署に対し申請する必要があります。4か月を超えて申請した場合、遡及適用が制限されます。

30％ルーリングの申請はオランダ会社と駐在員が共同で行う必要があり、雇用契約書の写し、履歴書などの資料を提出します。

Q6 駐在員に対する給付の取扱い

オランダ駐在員に対する給付は、個人所得税の申告上、どのように取扱えばよいですか。

Answer

駐在員に対する給付について、個人所得税の取扱いは次のとおりです。

(1) 個人所得税の会社負担

日系企業は、駐在員に日本の手取り給与を保証することにより、各国税制による影響が生じないようにしています。所得税は通常会社が負担しますが、会社負担分も所得税の対象になり、ネット保証額をグロスアップします。

(2) 赴任費用

オランダ赴任に係る航空券や家具の運搬費等の赴任費用を会社が実費支給する場合、非課税とされます。支度金等の赴任手当については、7,750ユーロを限度として非課税とされます。家族の航空券を会社が負担した場合、支度金の一部とされます。

(3) 家具等の保管費用

オランダ赴任中、家具一式を日本の倉庫会社に委託保管する際の費用を会社が負担した場合には、課税対象とされます。

(4) 住宅手当

　会社が駐在員の家賃を補助したり，住宅手当を支給している場合，課税対象とされます。会社が物件を所有し，駐在員に賃貸している場合，家賃の妥当性が問題となります。家賃が市場価格を下回る場合，実際に駐在員が負担した家賃との差額が課税対象になります。家賃の妥当性については駐在員の状況も勘案されます。

(5) カンパニーカー

　年間500kmを超えてカンパニーカーを私的に使用した場合，当該自動車のリスト価格（オプション及びVATを含む）の25％相当額を個人の所得に加算します。年間の個人使用距離が500km以下であることを納税者が立証できる場合，課税されません。燃料，保険，メンテナンスの会社負担は非課税とされます。

(6) 通勤手当

　定期券を会社が実費支給する場合，会社が定期券のコピー等を保管するときは非課税とされますが，一般的には通勤距離及び労働日数に応じた一定額の通勤手当を非課税支給する場合が多いようです。

(7) 一時帰国費用

　駐在期間中に定期的に認められる一時帰国費用（航空券代等）を会社が負担した場合，家族分も含めて課税されますが，後述する業務関連費用スキームに含めて支給することが認められます。

(8) 出張手当

　出張費用の実費精算は，請求書など証憑がある限り課税されません。定額出張手当を支給する場合，妥当な範囲であれば非課税とされます。

(9) インターナショナル・スクールの授業料，通学費

　インターナショナル・スクール，日本人学校に子供が通学する場合，初等教育又は中等教育の授業料，スクールバスの通学費を会社が直接支払っている場合には非課税とされます。駐在員に学費を支給して，給与から授業料を支払う場合は課税されます。

⑽　日本払い賞与

　日本払い賞与はオランダの給与所得に含められ，支払時に賃金税の対象とされます。12月の賞与は翌年1月31日までに賃金税を納付します。

　賞与は，支払時期と支給対象期間が一致しないため，日割り計算により合理的と認められる金額をオランダの課税所得に加算して申告します。

Q7　課税年度，申告納付

個人所得税の課税年度，申告納付方法について教えてください。

Answer

　個人所得税の課税年度は，暦年（1月1日から12月31日）です。

　居住者及び非居住者は，課税年度終了後，所得税の申告を行います。所得税の申告書は翌年の4月1日までに提出する必要がありますが，税務当局に対し，申告期限の延長を申請することが認められます。

　申告書提出後，3～6か月以内に査定書が送付されます。査定書発行日から6週間以内であれば，異議申立てを行うことができます。異議申立てを行った場合，当局からの決定又は裁判所からの判決通知まで支払いは猶予されます。

　査定額に異議がなければ，2か月以内に納付します。翌年は，前年実績に基づく査定額を一括又は分割納付します。帰国予定があり，予定納付額が過大である場合には，異議申立てができます。

　最終査定書は，課税年度終了後3年以内に発行されます。追加査定書が課税年度終了後5年以内に発行されることもあります。予定納付額と確定額との差額は，毎年1月1日を起算日として納付額に金利（4半期毎に見直し）が加算されます。申告書の提出が遅れたとき，あるいは提出しなかったときは罰金が課されます。

2 賃 金 税

Q8 賃 金 税

賃金税の納付について，個人所得税と賃金税の関係，途中帰任した駐在員に関する取扱いはどのようになりますか。

Answer

雇用主である会社は，従業員の給与等から毎月賃金税（給与税）を源泉徴収し納付する義務があります。一般的に月次申告書を提出し，確定額を納付する方法により賃金税を納付します。

賃金税は所得税の前払いと位置付けられ，所得税とほぼ同じ方法により課税所得を計算し税額を算出します。

オランダでは日本の年末調整に相当するものはなく，年度途中での着任，帰任に際しては，12か月滞在したものとして賃金税が計算されるため，過大徴収される可能性がありますが，所得税申告書により過大納付額は還付されます。

Q9 親会社の源泉税徴収義務の移転

当社(日本の親会社)はオランダに子会社を設立し,子会社は賃金税番号を取得しました。親会社である当社も,オランダ賃金税番号を取得する必要がありますか。

Answer

　日本人駐在員のオランダ赴任期間中の税務上の正式な雇用者は引き続き日本の親会社であるとされますので,雇用主である日本の親会社はオランダ賃金税の源泉徴収義務者であるとみなされ,オランダで賃金税番号を取得することが求められます。しかし,オランダ個人所得税法第6条第6項に基づき,一定要件を満たすときはオランダ子会社が日本の親会社の源泉徴収義務を引き受けることが認められています。

　この場合,オランダ税務当局に対して親会社とオランダ子会社が共同で源泉税徴収義務移転申請を行うことにより,日本の親会社は賃金税番号を取得する必要はありません。

　　(注)　2017年タックスプランでは,外国法人からの出向者に対する賃金税の源泉徴収義務は当該外国法人にあるとしながら,オランダのグループ会社に当該源泉徴収義務を引き継がせることを認めるなど,緩和的な取扱いについて言及されています。

3 社会保険

Q10 オランダの社会保険，健康保険制度

オランダの社会保険制度のうち，国民保険と従業員保険，またオランダ健康保険について教えてください。

Answer

オランダの社会保険制度（Social Security）は，国民保険と従業員保険から構成されます。

(1) **国民保険（National Insurance）**

国民保険は，全てのオランダ居住者及び非居住者に適用されます。社会保険料率は所得税率に組み込まれており，被保険者である従業員は賃金税と同様に給与から保険料を源泉控除され，税務当局に納付されます。国民保険の料率は28.15％です。33,715ユーロまでの所得に対して課税され，社会保障控除を考慮した最高支払額は8,244ユーロです。なお，保険料は課税所得から控除されません。

国民保険は，厚生年金（AOW），遺族手当（ANW），特別医療費（AWBZ）から構成されています。

【保険料率（従業員）】

AOW	17.90%
ANW	0.60%
AWBZ	9.65%
合計	28.15%

(2) **従業員保険（Employee Insurance）**

　雇用主である会社は，従業員に代わり従業員保険料を支払う必要があります。従業員保険料は，賃金税の一部として支払われます。保険料は，年金保険料等を控除したグロス給与（最高52,763ユーロ）に下記料率を乗じて計算されます。雇用主の最高負担額は，6,183ユーロです。

　　・　身体障害保険（WAO/WIA）……7.5%
　　・　失業保険（WW）…………………4.22%

　WAOは，身体能力の15%以上が障害となり，52週以上働くことができない場合に支払われます。WIAは，身体能力の35%以上又は身体障害者の所得を70%を限度として保証するための保険です。

　失業保険の受給資格を満たす場合，法定最高賃金の70%を限度として失業保険を受け取ることができます。失業保険は，勤務期間に応じて支給されます。失業保険の受給期間は，38か月から順次24か月（2019年）に引き下げられる予定です。

(3) **健康保険（ZVW）**

　オランダの社会保険制度に加入している18歳以上の個人は，健康保険に加入します。雇用主の負担は，最高所得52,763ユーロに6.75%の料率を乗じて計算され，最高支払額は3,562ユーロです。雇用主負担額は，従業員の課税所得にはなりません。従業員負担は保険会社によっても異なりますが，平均して1,200ユーロ程度です。

Q11 日蘭社会保障協定

日蘭社会保障協定が締結されたことにより，一時派遣に該当する駐在員については社会保険料の二重払い問題が解消されたと聞きました。また，保険期間を両国で通算できるそうですが，日蘭社会保障協定の適用期間と適用範囲，申請手続，保険期間の通算，併せて長期派遣者の取扱いについても教えてください。

Answer

1　適用期間

　日蘭社会保障協定では，派遣期間5年以内の一時派遣者について，原則として派遣元である親会社の年金制度及び医療保険制度に加入するとされています。また，社会保障協定第7条2に基づく派遣期間の延長が最長1年認められています。

2　適用範囲

　日蘭社会保障協定の適用範囲は厚生年金保険及び健康保険であり，労災保険，雇用保険は対象外です。したがって，一時派遣者は一般老齢年金（AOW），一般遺族献金（ANW），特別医療保険（AWBZ），健康保険（ZVW）に加入する必要はありませんが，日本の医療保険制度に継続加入することになります。

　オランダで治療を受けた場合，日本国法令の海外療養費支給制度により，日本の社会保険事務所に支払を請求することになります。

3　申請手続

　一時派遣者がオランダの社会保障制度への加入を免除されるためには，日本の社会保険制度に加入していることを証明する「適用証明書」の交付を日本の社会保険事務所に申請する必要があります。交付された適用証明書の原本を駐

在員本人が保管し，会社はコピーを保管します。

一方，長期派遣者がオランダの制度に加入した場合，日本の事業主は，当該事実を証明する書類を添付した「厚生年金及び健康保険の資格喪失届」を日本の社会保険事務所に提出します。

4　保険期間の通算

両国における保険期間を相互に通算し，年金の受給権が決定されることになりました。

5　長期派遣者

派遣期間が5年を超える場合は長期派遣に該当し，オランダ国法令が適用されます。日本の厚生年金の資格を喪失することになりますので，配偶者は国民年金の第三号被保険者及び健康保険の被扶養者としての資格を失うことになります。この場合，国民年金に任意加入するなどの対応が必要になります。長期派遣者は，オランダの医療保険制度に加入します。

Q12　駐在期間中のオランダ年金の受給

2009年3月の日蘭社会保障協定の発効以前にオランダの社会保険制度に加入していた駐在員は，オランダ年金の支給年齢になった場合，年金の受給資格はありますか。

Answer

日蘭社会保障協定発効前にオランダの社会保障制度に加入していた駐在員は，オランダの年金支給年齢（65歳から段階的に67歳に移行）に達した時点から，日本の社会保険事務所で所定の手続を取ることにより，オランダの年金を受け取ることができます。オランダの年金は50年を基準とし，駐在期間に応じた年金

が支給されます。

Q13 企業年金の適格相当承認制度

日本の親会社の企業年金掛け金の雇用主負担分について，適格相当承認を取得すればオランダで課税されないと聞きましたが，これについて教えてください。

Answer

日本の親会社の企業年金に関する掛け金の雇用主負担分は，原則としてオランダ賃金税の対象とされます。ただし，当該企業年金がオランダの適格年金に相当するという「適格相当承認」を取得できれば，当該掛け金の雇用主負担分は課税免除となり，従業員負担分は所得税から控除できます。

適格相当承認を取得するには適用条件を満たす必要がありますが，承認された場合オランダ赴任後5年間有効であり，遡及適用申請による還付が受けられます。

Q14 日本の社会保険料

オランダ個人所得税の申告に当たり，日本の社会保険料の取扱いはどのようになりますか。

Answer

日本の社会保険料のオランダ税法における取扱いは，次のとおりです。

	雇用主負担分	従業員負担
厚生年金保険料	非課税	控除可
介護保険料	課税	控除不可
失業保険料	非課税	控除可
労災保険料	非課税	該当なし

Q15 業務関連費用スキーム (Work related cost scheme)

2015年1月から業務関連費用スキームが強制適用になったと聞きました。その内容は，どのようなものですか。

Answer

従業員に対する非課税手当の支給に代えて，2015年1月，業務関連費用スキームが強制適用されることとなりました。

業務関連費用とは，会社の従業員経費（社員食堂の会社負担，カンパニーバイク，贈答費等）及び就業規則で定められた手当てなどの業務関連費用（Work related Costs）について，総賃金の1.5％を超えない範囲で非課税支給枠を会社の裁量によって決められるという制度です。業務関連費用が上記非課税枠を超過した場合，当該超過額について80％の税率により雇用主に対し課税されます（Employer Tax）。

業務関連費用について課税対象とされない項目及び課税対象とされる項目は，例えば次のとおりです。

課税対象とされない	課税対象とされる
・ 学習,教育関連費用 ・ 交通費(0.19ユーロ/km) ・ ETコスト(Extraterritorial costs) ・ 引越費用 ・ 不動産ローン利息に対する手当 ・ 再就職幹旋費用 ・ 一時的な出張に伴う宿泊費	・ 制服代 ・ フィットネス費用 ・ 従業員のお祝い ・ 社員割引 ・ クリスマス贈答費用

Q16 労働許可証

日本人に対する労働許可証の取扱いについて教えてください。

Answer

　オランダ国家諮問評議会は，1912年に締結された日蘭通商航海条約における最恵国待遇条項を根拠に，日本人の労働許可証は不要であるとの決定を2014年12月24日に下しました。これを受けて，2015年2月19日，オランダ社会保障雇用庁は，日本人のオランダにおける労働許可は滞在日数に拘わらず不要であることを確認しました。

　しかし，オランダ移民局は2016年6月21日，日本人に対して労働許可証が必要であるとの公告を行いました。したがって，2017年1月1日以降，日本人は再び労働許可証を申請する必要があります。

　なお，労働許可証が不要とされた期間に滞在許可証を取得した駐在員は，滞在許可証の更新時に労働許可証の申請が必要になります。

Q17 滞在許可証

日本人駐在員の滞在許可証の取得方法について教えてください。また，日本からの長期出張者，EU他国からの採用者に関する取扱いはどのようになりますか。

Answer

1 滞在許可証の取得方法

滞在許可証の取得には，知的労働者，普通労働者の２通りの方法があります。知的労働者（Highly skilled migrant）は，2005年１月以降導入された制度です。

(1) **知的労働者**

知的労働者を利用するには，2013年６月以降，オランダに設立した会社を承認スポンサー企業としてオランダ移民局（IND）に登録する必要があります。登録には，費用として5,183ユーロ（毎年改訂）と，４〜６週間程度の期間が必要です。従業員50名以下の場合，登録費用は2017年１月１日以降，2,592ユーロに変更されます。一方，過去３年間にわたり承認スポンサー企業として知的労働者申請がない場合は，自動的に登録が抹消されます。知的労働者の場合，駐在員の月額最低給与は，4,579.20ユーロ（30歳未満は3,356.64ユーロ，2016年）です。

2014年１月より，申請書には従来の年収額ではなく月収額を記載し，本人名義の銀行口座に毎月同額が振り込まれていること，また，現物支給以外の手当てを含めることは可能ですが毎月の支給額に含まれていること，さらに，法定休暇手当てについては，当該手当てを含めた額と含めない額を併記することになりました。

知的労働者の滞在許可証は最長５年間発行されますが，延長可能です。知的労働者は，エクスパットセンター又はINDを通じて申請し，赴任者の日本出国前に書類を送付してアポイントの日に出頭します。

(2) 普通労働者

　普通労働者として滞在許可証を申請する場合，オランダ到着後3日以内に移民局（IND）に出向き申請します。申請企業がスポンサー企業である場合，審査結果は2週間程度で通知されますが，そうでない場合には3か月程度かかります。雇用する会社が承認スポンサー企業でない場合は，2017年1月1日以降，求人活動の結果オランダ国籍者を採用することができなかったことを証明するための労働市場評価（labor market assessment）が必要になります。

　普通労働者の場合，最低給与規定はない代わりに，滞在許可証は1年間しか発行されません。この場合1年後に延長申請することになります。

　申請時に必要な書類は，下記のとおりです。

- 申請書
- 有効期限内パスポートコピー（個人情報ページ）
- オランダで有効なカラーパスポート写真1枚
- 労働許可証を申請している場合にはそのコピー
- アポスティーユ認証付の英訳戸籍謄本（注）
- 雇用契約書（ない場合は，出向契約書又は宣誓書）
- 出向契約書又は被雇用者の赴任期間，年間給与総額，入社日等が明示されている親会社の宣誓書

（注）　日本の外務省でアポスティーユを取得，在オランダ日本国大使館（在ハーグ）で英文翻訳し，オランダ外務省にて認証を受ける方法が一般的です。

2　長期出張者

　長期出張者が，有効なパスポートを所持して3か月を超えない期間オランダに滞在することは問題ありませんが，3か月を超えるときは滞在許可証が必要となります。

3　他のEU加盟国からの採用者

　他のEU加盟国から従業員を雇用する場合，労働許可証，滞在許可証は不要

ですが，4か月を超える滞在の場合，6か月以内に市役所で住民登録を行う必要があります。

Q18　住民登録

日本人駐在員は市役所で住民登録をする必要があるようですが，その手続について教えてください。

Answer

6か月を超える駐在の場合，市役所で住民登録を行う必要があります。住民登録によりBSN（オランダ市民サービス）番号を取得できます。これは行政機関共通の番号です。BSN番号を取得すると，30％ルーリングの申請，銀行口座の開設などが可能となります。

住民登録に必要な書類は，下記のとおりです。

- パスポート
- 英文戸籍記載事項証明書（日本大使館で作成）
- 賃貸契約書（居住用住宅に関する証明）

住所が決まっていない場合，会社住所などを仮登録しておき，住所が決まった時点で変更届を提出することになります。

第6章

会計制度に関するQ&A

● Point ●

　第6章では，オランダの会計制度に関する質問を取り上げています。
　オランダ進出日系企業は，基本的にオランダ会計基準を適用して財務諸表を作成しています。一部では，オランダ会計基準に代えて国際財務報告基準を適用している会社もありますが，少数です。
　オランダ会計基準と国際財務報告基準には，取扱いに差異が見られます。また，2016年には会社区分に関する新基準が適用されています。

1 会計と監査

Q1 適用会計基準

オランダに進出している日系企業は、一般的にどのような会計基準を適用していますか。

Answer

日系企業は一般的に、オランダ会計基準を適用しています。

オランダ会計基準とは、民法第2編第9章の会計関連規定、オランダ会計基準ガイドライン（Dutch Accounting Standard）、判例などを総称するものです。オランダ民法第2編第9章には、費用収益対応、実現主義、継続企業、発生主義、保守主義などの基本原則が規定されています。また、オランダ会計基準審議会（Dutch Accounting Standard Board）から会計処理及び開示に関するDutch Accounting Standards（DAS、オランダ会計基準）が公表されています。銀行、保険会社等一定の要件を満たす金融会社及び投資会社については特別法が適用されます。

DASには民法のように法的強制力はありませんが、判例等においても尊重されています。会計問題に関する判例は、オランダにおける一般に公正妥当と認められる会計基準（Dutch GAAP）の一部を構成します。

日本の「連結財務諸表作成における在外子会社の会計処理に関する当面の取扱い」（平成27年3月26日　企業会計基準委員会）では、「在外子会社の財務諸表が、

国際財務報告基準又は米国会計基準に準拠して作成されている場合には，当面の間，それらを連結決算手続上利用することができるものとする。」とされていますので，実務的にはオランダ会計基準により決算を行い，連結パッケージをIFRSで作成して監査を受ける会社が多いようです。

Q2 財務諸表の提出時期

BVの場合，会社法に基づく財務諸表の作成はいつまでに行う必要がありますか。また，支店の場合は財務諸表の作成開示は必要ですか。

Answer

BVの場合，原則として取締役は決算日後5か月以内に財務諸表を作成し，株主総会で採択した後，8日以内に当該会社の所在地を管轄する商工会議所に登記する必要があります。

財務諸表の作成期間は，子会社の決算遅延等の特別な理由がある場合，株主総会決議により延長が認められます。2016年以降，延長期間は最長5か月に短縮されました（従来6か月）。したがって，非上場会社の年次決算書は決算日より10か月以内（従来11か月）に作成されます。

10か月以内に年次決算書を作成できない場合，2か月以内に取締役の責任において商工会議所に仮決算数値を登記します。したがって，12か月以内（従来13か月）には仮決算数値が公表され，決算が最終確定した時点で確定決算数値を登記することになります。

商工会議所に提出する年次決算書は，オランダ語以外に，英語，ドイツ語，フランス語により作成することが認められます。

オランダ支店は財務諸表を商工会議所で開示する必要はありませんが，税務申告のための決算を行う必要があります。

Q3　財務諸表の様式

BVの場合，財務諸表はどのような様式で作成しますか。また，半期報告書の要否，表示通貨についても教えてください。

Answer

　オランダ民法は，企業の財務状況，業績，支払能力及び流動性に関し，株主あるいは投資家の適正判断に資する十分な情報を年次決算書に含めることを要求しています。

　財務諸表の様式に関しては，Annual Accounts Formats Decree（財務報告様式通達）で示されているフォーマットから選択し，オランダ会計基準，オランダ民法第2編セクション362(2)などを参照することになります。オランダ民法では貸借対照表を利益処分前又は処分後に作成できるオプションが認められていますが，オランダ会計基準審議会は利益処分前によることを推奨しています。

　BVの場合，半期報告書及び四半期報告書の作成は要求されません。

　表示通貨については，ユーロ以外の外国通貨によることに合理性があれば，当該通貨によって年次決算書を作成することが認められます。

Q4　会計期間

BVの会計期間（決算日）はどのように決定しますか。また，決算日を変更する場合，どのような手続が必要でしょうか。

Answer

　決算日は，BVの設立定款において規定します。特段の定めをしない場合には暦年基準が適用されます。日本の親会社と同じ決算日に変更する会社もあり

ますが，日本の親会社と3か月の差異を設定している会社も見受けられます。

オランダ会社の決算日を変更するときは，定款変更が必要です。例えば，12月決算会社が，親会社の決算日に合わせるために決算日を3月にするよう定款を変更する場合，オランダ会社の決算を15か月決算とすることができます。オランダでは24か月以内の決算が容認されますが，日本の親会社の連結決算に際して仮決算を行う必要があります。また，財務諸表の作成期間が1年未満又は1年超の場合は，その旨，理由の開示が必要です。

Q5 会社の区分

会社の区分により，開示する財務諸表及び法定監査の要否が異なると聞きましたが，どのように定められていますか。

Answer

EUから2013年7月に公表された新会計指令（2013/34/EU）により，オランダにおいて会社の区分に関する改正が行われ，2016年から「極小会社」の区分が新設されました。会社の区分は総資産，売上高及び従業員数に基づき決められ，区分により財務諸表の作成及び監査の要否が異なります。中会社，大会社には法定監査が必要とされます。

総資産，純売上高，平均従業員数のうち2項目が各会社区分の基準に2期連続該当した場合，当該区分の会社とされます。例えば，総資産と純売上高が中会社に2期連続該当する場合，当該会社は中会社とされます。設立時点で中会社に該当する場合は初年度から中会社とされ，法定監査が要求されます。

【会社の区分】

	極小会社	小会社	中会社
総資産	0.35百万ユーロ以下	6百万ユーロ以下	20百万ユーロ以下
純売上高	0.7百万ユーロ以下	12百万ユーロ以下	40百万ユーロ以下
平均従業員数	10人未満	50人未満	250人未満

【提出書類の内容】

	極小／小会社	中会社	大会社
貸借対照表，注記	要約	要約	標準
損益計算書，注記	免除	要約	標準
取締役報告書	免除	要約	標準
監査報告書	免除	必要	必要

（注）　極小会社は，小会社よりさらに簡易開示となっています。

Q6　取締役報告書

年次決算書に含まれる取締役報告書について，記載事項を教えてください。

Answer

　中会社の年次決算書には当該年度の営業概況等に関する取締役報告書が収録されますが，取締役報告書の記載事項は，オランダ民法第2編セクション391及びオランダ会計基準（DAS）400に規定があります。提出日現在の取締役，監査役が署名を行います。取締役報告書の記載事項は，次のとおりです。

- 決算期末の財産の状況
- 営業の経過及び成果
- 貸借対照表日以降に発生した重要な事項
- 翌期以降の設備計画，資金計画，従業員の状況等

- 試験研究開発における活動
- 戦略，オペレーション，財務・会計，コンプライアンスに関する重要なリスク，不確実性について，コントロールの方策，手段，財務諸表，事業に与える重要な影響（感応度分析の結果を開示することが強く推奨される），金融リスクを回避する手法として金融商品を利用している場合，リスク管理方針（過去に生じた重要なリスク及び不確実性とその帰結，当該事業年度に実施した又は予定しているリスク管理方針の有無）など
- 取締役会，監査役会の人員構成について

Q7　監査人の選任手続

オランダでは，監査人の選任及び交代はどのように行われますか。また，法定監査と日本の連結監査との関係はどのようになりますか。

Answer

監査人は株主総会で選任されますが，取締役会での選任も可能です。監査人には，オランダの公認会計士資格が要求されます。

監査人を変更する場合，株主総会で新監査人を選任して現監査人に契約を更新しない旨の通知を送付し，現監査人から交代に関する異議がないときは，新監査人に対し選任通知を行うことになります。

中会社以上の場合，オランダ会社法による法定監査及び必要に応じて親会社の連結目的監査が実施されます。日本における開示期間の短縮に対応し，連結目的監査を決算日後，速やかに実施して，その後オランダ法定監査を株主総会までに実施することになります。具体的には，例えば3月決算会社の場合，4月中旬頃までに親会社連結目的のパッケージ監査を終了して，その後，株主総会日までに法定監査を終了します。

2 オランダ会計基準

Q8 資産に関する一般的評価方法

オランダ会計基準で認められる資産に関する一般的評価方法には、どのようなものがありますか。

Answer

オランダでは、資産評価方法として、原価法又は時価法、あるいはいずれか低い価額、現在価値法の選択適用が認められています。

時価法、現在価値法を採用した場合、原価法との比較を注記により開示します。現在価値には、現在原価、使用価値、市場価値、正味実現可能価値があり、選択した方法について注記することになります。

従来、取替価値（replacement value）が認められていましたが、2016年以降、取替価値に代えて現在原価（current cost）が適用されています。

Q9 棚卸資産の会計処理

棚卸資産の原価配分方法，評価方法について教えてください。

Answer

棚卸資産の原価配分方法として，先入先出法，後入先出法，平均法があり，会社の実態に照らして最適な方法を選択します。後入先出法を採用する場合には注記が必要となります。

棚卸資産の取得価額には，付随費用等を含めます。棚卸資産の評価方法として，2015年以降，取得原価法（歴史的原価）が適用されることとなりました。長期未成工事支出金については，工事契約からの収益等必要な開示が求められています。

Q10 短期保有有価証券の会計処理

短期保有有価証券の会計処理について教えてください。

Answer

市場性のある有価証券で取引ポートフォリオとされるものは，時価に取得費用を加算して取得価額とし，その後の時価変動損益は損益計算書に計上します。取引ポートフォリオとされない有価証券に係る時価変動損益は，原則として資本の部に再評価準備金として計上されます。

その他の非上場有価証券（債券を含む）は，原価法又は時価法の適用が認められています。償却原価を適用していた債券の評価差額，売買損益及び原価法を適用していた株式の売買差額，減損損失は損益計算書に計上されます。

Q11 有形固定資産の会計処理

有形固定資産の会計処理について教えてください。

Answer

　有形固定資産は，取得原価又は現在価値により評価されます。固定資産の減価償却方法としては，定額法が広く採用されています。消耗品費と固定資産の区分は，各社で合理的基準を定める必要があります。償却年数に関する統一的な規定はなく，実態に即した償却年数を設定することになります。

　税務の減価償却方法は，会計の償却方法と異なります。設備投資に伴い補助金の交付を受けた場合，補助金は貸借対照表の貸方項目として計上し，対象資産の減価償却に合わせて会計処理を行います。借入金利子を取得原価に算入した場合，現在価値を評価方法として採用するときは，開示が求められます。

Q12 無形固定資産の会計処理

無形固定資産の会計処理について教えてください。

Answer

　設立費用，新株発行費，研究開発費，ライセンス，知的財産，営業権，無形固定資産に関する前払費用等については，無形固定資産として表示する必要があります。新技術，新製品又は新市場の開発，開拓のために支出した試験研究費及び開発費は，発生した会計年度の費用又は資産計上して償却することが認められています。2016年から，開発費の償却期間が明確でない場合は10年にわたり償却することに変更されました。

　繰延経理に関しては，法定準備金の積立が要件とされ，配当が制限されます。

試験研究費，開発費の未償却残高が将来期待収益に照らして合理的であるかを毎期見直し，過大であれば評価減することになります。無形固定資産は，20年を超えない経済的耐用期間にわたり償却することになります。

Q13　営業権，負ののれんの会計処理

営業権，負ののれんに関する会計処理について教えてください。

Answer

営業権は買収価額と時価純資産額の差額ですが，買収後の調整が最初の事業年度末までに行われたときは，営業権の調整とされます。営業権を有償取得した場合，2016年以降，資産計上して経済的耐用期間にわたり償却する方法を適用することとされており，従来認められていた営業権を自己資本から直接控除する方法及び損益計算書に計上する方法を採用していた会社は，会計方針の変更として取り扱う必要があります。

営業権の償却期間が5年を超える場合は，その理由を開示することになります。営業権の経済的耐用年数を特定できない場合，最長10年にわたり償却することとされました。営業権の償却期間は，通常20年を超えることはできませんが，20年を超えるときは減損テストが求められます（税務の償却期間は10年以上）。今回の改正を遡及適用するか，改正後に取得した営業権に対してのみ適用するかは選択可能とされています。

負ののれんは，買収日現在における時価純資産額が買収額より大きい場合に生じます。負ののれんが将来予想損失に関連する場合，当該損失の発生に応じて損益処理されます。その他の場合，取得した非貨幣資産の耐用期間の加重平均に応じて規則的に損益処理されます。

Q14 関連会社株式の会計処理

関連会社株式の会計処理について教えてください。

Answer

オランダ会社が投資会社の議決権の20％以上を保有する場合，財務的経済的に重要な影響を及ぼすことができるとされ，純資産額法（Net asset value method）又は持分法（Equity method）を適用します。ただし，オランダ民法第２編第408条の適用により中間持株会社の連結免除規定を適用する場合には，原価法評価が認められます。

Q15 その他の金融資産の会計処理

関連会社株式以外のその他の金融資産に関する会計処理について教えてください。

Answer

その他の金融資産の認識中止時期は，実質的な全ての経済的便益及びリスクの第三者に対する移転とされます。上場株式は公正価値により計上される必要があり，価値変動は直接損益計上するか，当初再評価準備金として計上し実現した時点で損益計上する方法のいずれかを適用します。マイナスの再評価準備金の計上は認められません。累積的な減損損失は直接損益計上されます。

非上場有価証券で将来売却可能性のあるものは，取得原価，現在価値，公正価値の何れかにより評価します。公正価値による場合，価値変動は直接損益処理されます。取得した株式の買収価額に買収前の利益剰余金が加算されており，当該会社から配当を受けたときは株式取得価額から控除します。

株式の減損について，オランダ会計基準では，減損の事実が消滅した場合，減損の戻入れを行います。その他投資は，取得原価（市場価格が低い場合には当該価額）又は現在価値により評価されます。

　また，債券は償還価値又は時価で評価されます。時価の変動は直接損益計算書に計上するか，又は当初再評価準備金として計上し，損益が実現した時点で損益計算書に計上します。

Q16　引当金の会計処理

引当金に関する会計処理について教えてください。

Answer

　貸借対照表日現在，発生の可能性が高い債務又は損失要因が存在し，かつ当該金額を合理的に見積もることが可能である場合，引当金が計上されます。不特定の一般的リスクに対する引当金は認められません。

　貸倒引当金，棚卸資産の評価引当金は資産控除科目として表示され，その他の引当金は負債として非割引価額又は割引後現在価値により計上されます。就労不能な従業員に対する2年間の給与保証に対する引当は，見積もり計上する必要があります。

　組織再編に関する引当金は，組織再編に直接関連する費用に対する引当です。買収後の組織再編に関する費用を合理的に見積もることが可能であり，組織再編が開始された時又は従業員に通知された時点で組織再編に対する引当が行われます。

　組織再編に関する詳細計画が決算日現在策定されており，従業員に対する通知が決算日後行われるような場合には，引当計上ではなく決算日後に生じた重要な事実として開示することになります。買収に関連して再編関連費用が追加的に生じたときは，営業権と相殺します。

Q17 従業員年金の会計処理

従業員年金に関する会計処理について教えてください。

Answer

2010年に改定されたオランダ会計基準では、年金給付に関してリスクアプローチにより引当計上するという方法ではなく、従業員の年金に対する義務（obligation）と責任（responsibility）に応じた会計処理を示しています。

改定基準では、企業年金が年金ファンド又は保険会社により管理されている場合、将来の年金給付の引上げのケースを除き、年金資産の積立不足を含め会社側に追加負担が生じる可能性はなく、年金引当する必要はないとされており、国際財務報告基準の取扱いと異なります。年金管理者に対する引当計上が必要な場合、金額的重要性にもよりますが、現在価値の適用が認められます。逆のケースとして、年金管理者に対する受取債権を計上することもあります。

このように、会社は年金債務に対する直接的な引当計上を行うことはありません。従業員年金に関して国際財務報告基準又は米国会計基準を適用することも認められますが、全面的かつ一貫した適用が求められます。

外国子会社の所在地国における年金制度がオランダの年金と類似している場合、当該子会社の年金債務は、連結上、オランダ会計基準により処理することができます。オランダ年金制度と類似していないときは、国際財務報告基準、米国会計基準又はオランダ会計基準における年金債務評価方法を適用することになります。

Q18 税効果会計

繰延税金資産，負債に関する会計処理について教えてください。

Answer

　繰延税金資産及び負債は，割引前又は割引後現在価値により計上されます。民法では，資産再評価に関連する税効果会計に関する注記が求められています。
　オランダ会計基準では，再評価準備金について税効果会計を適用することが望ましいとされています。財務会計と税務会計の取扱いに差異があり，会計上既に利益計上したものについて将来税金支払が発生する可能性が高い場合，将来加算一時差異について繰延税金負債を計上します。将来減算一時差異及び繰越欠損金を利用できる可能性が高い場合，将来減算一時差異及び繰越欠損金について繰延税金資産を計上します。税務と会計で一時差異が生じるケースとして，投資資産価値，建設契約価値，デリバティブ評価，年金評価などがあります。繰延税金資産及び負債は，相殺の条件を満たせば相殺表示できます。

Q19 複合金融商品の会計処理

複合金融商品に関する負債と資本の区分に関する会計処理について教えてください。

Answer

　複合金融商品に関する負債と資本の区分は，当該金融商品に関する契約の実質的内容により構成要素に区分表示します。
　金融商品の表示は，当該金融商品の法的取扱い，利子，配当，損益などによ

り表示区分が異なります。例えば,転換社債借入は負債及び資本としての要素を有しますので,原則として負債としての要素を時価評価又は類似の評価法により表示し,残りを資本として表示します。ただし,オランダ会計基準では,負債又は資本のいずれかに表示して注記する方法も認められています。

Q20 資本の部

資本の部はどのように表示されますか。また,資本準備金,再評価準備金に関して,何か留意点はありますか。

Answer

オランダ民法第2編によれば,資本の部の表示は次のとおりとなります。
- 資本金（issued capital）
- 資本準備金（share premium）
- 再評価準備金（revaluation reserve）
- その他の法定準備金（other statutory reserves）
- 定款で要求される準備金（reserves required by the article of association）
- その他の準備金（other reserves）
- 利益剰余金（retained earnings）

オランダ会計基準では,資本準備金は発行株式の額面金額を超過する払込額で株式発行を伴わないものと規定されています。株主総会決議により,欠損填補,配当に使用するため,資本準備金を取り崩すことができます。

法定準備金は,配当原資とすることはできません。再評価準備金に対する税効果会計は強制ではありませんが,適用しない場合,その旨,影響額を注記で開示することになります。再評価準備金を計上する必要がない場合には取り崩します。

Q21 デリバティブ及びヘッジ会計

　デリバティブに関する金融商品として、将来の為替相場の変動リスク、金利変動リスクに対処するための為替予約、金利スワップなどがありますが、どのような場合にホスト契約とデリバティブは切り離されることになりますか。
　また、別々に認識されたデリバティブの測定に関して、オランダ会計基準にはどのように規定され、ヘッジに関してどのように文書化する必要がありますか。

Answer

ホスト契約とデリバティブが切り離されるのは、次のような場合です。
① ホスト契約とデリバティブとの間に経済的な特徴及びリスク関係が認められない場合
② デリバティブとして同様の特徴を有する別の金融商品がデリバティブに分類され、かつ、複合金融商品の評価差額が損益計算書に計上され時価評価されていない場合

　別々に認識されたデリバティブの測定に関して、オランダ会計基準290では、当初の測定は、ポートフォリオベース又は個々のヘッジ関係について、コストヘッジ会計、時価ヘッジ会計、キャッシュフローヘッジ会計、ノーヘッジ会計の適用を認めています。
　ヘッジに関しては、一般的なヘッジ戦略、ヘッジ関係がリスク管理方法に合致していること、ヘッジ関係の期待される有効性、及びヘッジ金融商品の特徴、ヘッジポジションについて文書化する必要があります。また、適用するヘッジについて、ヘッジ会計の適用条件を満たすことを説明する必要があります。

Q22 リース会計

リースに関する会計処理について教えてください。

Answer

特定資産の使用に関するフルペイアウト契約又は特定資産の使用権を包含する契約は，会計上リース契約とされます。リース資産のリスク及び所有者としての報償が借手に移転するようなファイナンスリースでは，リース資産の時価又は最低リース料の現在価値のいずれか低い額により，リース資産及び負債は評価されます。支払リース料は，利息部分と元本返済に区分されます。

リース資産は，リース期間又は経済的耐用年数のいずれか短い期間に応じて償却されます。オペレーティングリースでは，リース料は定額法に基づき損益計算書に計上されます。

Q23 外貨建取引及び外貨建債権債務

外貨建取引及び外貨建債権債務に関する会計処理について教えてください。

Answer

外貨建取引は取引発生時の為替相場，貨幣性外貨建債権債務は決算日の為替相場，取得原価で表示されている非貨幣外貨建債権債務は取引時相場，現在価値で表示されている非貨幣外貨建債権債務は評価日の為替相場で換算されます。貨幣性外貨建債権債務の換算差損益については，通常損益処理されます。現在価値で表示されている非貨幣外貨建債権債務の為替差損益は，再評価準備金として資本の部で表示されます。

連結，持分法適用のために外国子会社又は関連会社の財務諸表を換算する際は，貸借対照表は決算日レート，損益計算書は期中平均レートで換算し，為替換算差損益は資本勘定における再評価準備金とします。

Q24 減損会計

オランダにおける減損会計について教えてください。

Answer

資産又は資金生成単位の帳簿価額が回収可能価額を超える場合，当該超過額は減損損失とされます。資金生成単位とは，他の資産又は資産グループからのキャッシュ・インフローとはおおむね独立したキャッシュ・インフローを生成させるものとして識別される，資産グループの最小単位です。

減損の可能性のある資産について，会社は各報告期間の末日において，減損の兆候を評価することになります。減損の兆候が存在する場合，企業は当該資産の回収可能価額を見積もる必要があります。

決算日現在，金融資産の減損に関する明確な根拠がある場合，償却原価評価を適用する全ての金融資産について，減損損失を損益計算書に計上します。減損損失は，将来のキャッシュフロー見積もりの現在価値と償却原価の差額により計算されます。減損損失の戻入れは，損益計算書において行われます。受取債権に対する減損の戻入れは，引当金の調整により行われます。

Q25 連結財務諸表

オランダでは，どのような場合に連結財務諸表の作成が要求されますか。また，連結財務諸表と個別財務諸表との関わりを教えてください。

Answer

　グループ会社があるときは，連結免除規定を適用する場合を除き，連結財務諸表を開示する必要があります。グループ会社は共通支配下にある経済連合体であり，親会社の支配の有無により連結の範囲が決まります。支配の有無は，他社の意思決定に影響力を有するかどうかです。オランダ民法では，会社グループを「法人及びパートナーシップが，あたかも一つの会社の如く結合している経済単位」であると定義しています。

　オランダ会計基準では，オランダ民法の定義に加え，グループ内で管理を行う会社の存在を指摘しています。グループ内で，特定の会社が他の会社を有効に管理支配していることが必要です。また，事業拡大のために長期的関係の維持を目的として資本参加し，役員の選任等に重要な影響力を有している場合も，連結，持分法の適用対象となります。

　買収時点で将来売却予定のある会社は，連結しないことができます。重要性のない子会社は，連結範囲から除くことができます。議決権株式の50％超を所有する子会社がある場合には，子会社に関する情報を連結財務諸表により開示します。

　発行済株式の20％以上を有する場合，相当の影響力を有すると判断され，単体決算における投資有価証券の評価方法として持分法が適用されますが，純資産価額がマイナスになる場合は適用を停止します。影響力のない投資には原価法又は現在価値法を適用します。

　連結，単体ともにオランダ会計基準を適用する場合，連結と単体の利益と自

己資本は一致することになります。

Q26 連結財務諸表の免除規定

オランダでは，中間持株会社が一定条件を満たす場合，連結財務諸表の免除が認められるようですが，その条件とは何ですか。また，当社では現在，オランダ子会社株式に持分法を適用していますが，連結免除規定を適用する場合の会計処理はどのようになりますか。

Answer

中間持株会社が下記の一定条件を満たす場合，連結財務諸表の作成を免除されます。

- 発行済株式の10％以上の株主が，連結免除について，事業年度開始日より6か月以内に反対しないこと
- オランダ会社で連結されるべき子会社の数値が親会社の連結決算に含まれていること
- 親会社の連結財務諸表がEC第7号指令及びそれに類する会計原則（IFRS，USGAAP，JGAAP）に準拠して作成されていること
- 年次報告書が親会社の英文アニュアルレポートと併せて商工会議所に提出されること

連結免除規定を適用する場合，過去の剰余金を取り崩して，子会社株式の評価方法として原価法を適用することになります。

Q27 貸借対照表の表示

貸借対照表の表示方法について教えてください。

Answer

　貸借対照表は，固定性配列法により作成されます。資産の部は，固定資産，流動資産の順に表示し，負債及び資本の部は，通常，資本から負債の順に配列します。流動と固定の区分はワンイヤー・ルールによります。固定資産は，無形資産，有形資産，金融固定資産に区分され，流動資産は，棚卸資産，受取勘定，有価証券，現金預金等に区分されます。

　貸借対照表は，決算日現在の純資産額，資産及び負債の構成を公正かつ明瞭に表示することが求められます。

Q28 損益計算書の表示

損益計算書の表示方法について教えてください。

Answer

　損益計算書の表示は，売上高から売上原価を控除し，売上総利益を算出するという方法が一般的です。収益は一般的に発生主義に基づいて認識され，費用は費用収益対応の原則に基づく発生主義により認識されますが，個別対応が困難な費用は期間費用とされます。特別損益の表示は認められません。

　損益計算書は，当該事業年度の業績を収益と費用項目に基づき公正かつ明瞭に表示する必要があります。

Q29 キャッシュフロー計算書の表示

キャッシュフロー計算書の表示方法について教えてください。

Answer

　オランダ会計基準は，大会社，中会社にキャッシュフロー計算書の作成を求めています。ただし，日本の親会社がキャッシュフロー計算書を作成している場合は免除されます。キャッシュフロー計算書は，間接法又は直接法により作成されます。営業活動キャッシュフロー，投資活動キャッシュフロー，財務活動キャッシュフローに区分して，現金及び現金等価物の増減を表示します。現金等価物には，銀行預金，短期有価証券も含まれます。

　外国通貨によるキャッシュフローは，取引日レートとの重要な差異がない場合，見積もり平均レートにより換算することができます。為替差額はキャッシュフロー計算書で区分掲記されます。受取利子，支払利子，受取配当，支払税金は，営業活動として表示されるのに対し，支払配当は財務活動に含まれます。

　買収に関するキャッシュフローは，投資活動に含まれます。ファイナンスリースのようにキャッシュフローを伴わない取引は対象外とされますが，リース料の支払いは，元本返済部分は財務活動，利子相当額は営業活動に含まれます。

Q30 会計方針の変更の開示

会計方針を変更する場合の開示について教えてください。

Answer

　会計方針の変更については，その旨，理由，変更による影響額の開示が要求されています。会計基準又は解釈指針の変更に伴い，会計方針を変更する方が財務諸表の信頼性が高まり，会社の業績やキャッシュフロー等をより適切に表示できるような場合に，会計方針は変更されます。

　オランダ会計基準では会計方針の変更が認められる場合を例示していますが，真実かつ公正な開示要求との関連性が重要です。会計方針が変更された場合，下記事項が開示されることになります。

- 新旧会計方針の相違に関する説明
- 会計方針変更の理由
- 会計方針の変更による影響額
- 会計方針の変更が将来に及ぼす影響に関する分析

Q31 オランダ会計基準と国際財務報告基準

オランダ会計基準と国際財務報告基準には，どのような相違点がありますか。

Answer

　オランダ会計基準と国際財務報告基準について相違点をまとめると，次のようになります。

(1) 無形資産（のれんを除く）

	オランダ会計基準	国際財務報告基準
無形資産の償却	原則として20年以内償却（20年以上の場合注記）	耐用期間が無期限の場合償却しない
現在価値	使用価値，実現価値，現在原価	公正価値
減損テスト	20年以上の耐用期間を有する資産を対象とする	耐用期間が無期限の資産を対象とする
償却方法	定額法が一般的	複数法から選択可能

(2) 有形固定資産（投資不動産を含む）

	オランダ会計基準	国際財務報告基準
現在価値の定義	現在原価，使用価値，実現価値から選択	公正価値
借入金利子の資産計上	容認される	強制される
コストモデルにおける大規模修繕	資産計上，減価償却又は引当処理又は修繕年度に費用計上	修繕工事費用を資産計上し，減価償却する

(3) 関連会社株式

	オランダ会計基準	国際財務報告基準
重要な影響力を有する関連会社株式の評価	純資産評価が原則　一定要件を満たす場合，取得原価又は現在価値	取得原価又は公正価値又は純資産評価
影響力のない株式の評価	原価又は現在価値（現在価値の変動は資本）	原則公正価値（公正価値の変動は資本又は損益処理）
購入価額に含まれる買収前の剰余金に関する配当処理	株式の取得価額を減額処理	関係会社からの配当は利益処理

(4) 棚卸資産

	オランダ会計基準	国際財務報告基準
棚卸資産の測定	取得原価又は現在原価（価値変動は再評価準備金）	取得原価又は公正価値－販売費（価値変動は損益処理）
後入先出法	詳細な開示と共に容認	認められない

間接費，借入利子の資産計上	認められる	強制される
短期的に予見できる将来損失の取り込み	認識可能（民法が容認）	認められない

(5) **工 事 契 約**

	オランダ会計基準	国際財務報告基準
定義	1年超作業期間の資産建設に関する第三者契約，工事契約は，実現可能費用プラス一定の利益で評価される	左記に加え，買手側が建設作業の開始により，大きなデザインの構成要素及び構成変更を識別できること
工事完成基準	重要でない場合容認される	認められない

(6) **受 取 債 権**

	オランダ会計基準	国際財務報告基準
認識中止	経済的利益及びリスク移転	全ての経済的利益及びリスクの移転時（又は支配の移転）
公正価値評価による上場債券又は貸付金の価値変動	直接損益処理又は当初再評価準備金，実現時に損益処理，再評価準備金のマイナス残高は認められない	資本の部及び実現時に損益処理，公正価値法を適用する場合，条件次第で損益処理も認められる

(7) **有 価 証 券**

	オランダ会計基準	国際財務報告基準
非上場株式の測定	取得原価又は公正価値	公正価値
公正価値評価による上場株式，非上場株式の価値変動	直接損益処理又は当初再評価準備金で実現時に損益処理，マイナスの再評価準備金は認められない	損益処理又はその他の包括利益

(8) 資　本

　金融商品の表示に関し，オランダ会計基準では資本又は負債のどちらで表示するかに関して法的契約によるとされていますが，国際会計基準では返済義務，再購入義務の有無又は優先株に係る配当を清算時まで延期することを株主総会で決議できるかどうかによるとされています。例えば，優先株に対する配当を延期できなければ負債として表示されます。

　また，オランダ会計基準には法定準備金に関する規定がありますが，国際財務報告基準には法定準備金に類する概念はありません。したがって，国際財務報告基準では時価増加に対する再評価準備金は計上されず損益処理されます。

	オランダ会計基準	国際財務報告基準
再評価準備金の取崩し	不要の場合損益処理	他の資本項目に振替
新株発行費用	資本控除又は無形資産として計上	資本控除

(9) 引当金（税金，年金を除く）

	オランダ会計基準	国際財務報告基準
引当金の評価	非割引価額又は現在価値	重要性がある場合，割引現在価値
大規模修繕	別個の資産要素がある場合，資産計上及び減価償却又は引当処理，損益処理	別個の資産要素がある場合，資産計上及び減価償却
リストラ引当金	リストラ開始又はリストラの詳細が公表された場合に計上する	リストラが開始され，貸借対照表日以前に公表された場合，引当計上

(10) 税効果会計

	オランダ会計基準	国際財務報告基準
再評価に対する繰延税金負債の計上	強制ではない	強制
評価	非割引価額又は割引後現在価値	非割引価額

買収側の欠損金に対する税効果	営業権に織り込むべき	損益計算書に計上
連結納税	グループ会社間の税金分割に関する規定あり	特に規定なし

(11) **負　　債**

	オランダ会計基準	国際財務報告基準
認識中止	リスクの第三者への移転	契約義務の移転
公正価値評価	認められない	条件付で容認される
資本と負債の区分	注記すれば区分しないことも容認	資本と負債は区分される

(12) **損益計算書**

	オランダ会計基準	国際財務報告基準
包括利益	・連結財務諸表，キャッシュフロー計算書とは別個の計算書 ・グループ資本として開示 ・連結損益計算書の追加として開示	・当該期間の利益 ・その他の包括利益

(13) **キャッシュフロー計算書**

	オランダ会計基準	国際財務報告基準
作成義務	大会社及び中会社，免除規定あり	全ての会社
現金及び現金同等物の定義	右記に加え，短期保有目的の上場企業株式，債券も含まれる	手許現金及び流動性が高く容易に一定の現金に換金可能であり，価値変動リスクが僅少な投資

(14) **注　　記**

	オランダ会計基準	国際財務報告基準
取締役報酬	取締役の報酬を詳細開示	重要な経営者の報酬総額を開示

監査費用その他報酬	監査費用総額を開示	規定なし
関連者取引	独立企業原則に基づかない取引を開示	独立企業原則と無関係に取引概要を開示

(15) 連結

	オランダ会計基準	国際財務報告基準
短期売却予定子会社	連結除外も可能	連結する

(16) 企業結合とのれん

	オランダ会計基準	国際財務報告基準
会計処理	取得法，プーリング法	取得法のみ
買収費用	取得原価に含める	損益処理
偶発的現金支出	現在価値で測定し，その後の変動は，のれん価額の修正	公正価値で測定し，その後の変動は，損益処理
のれん	資産計上，償却処理	資産計上，償却不要，減損テスト
負ののれん	負債計上し，将来の予測損失に関連する内容は，事象に応じて損益処理，その他は規則的に損益処理	損益処理
買収に関する当初会計処理	買収後，会計年度末まで適用	企業結合後，12か月以内は変更
段階取得	資産，負債は再評価され，準備金計上	再評価損益は損益処理

(17) JV

	オランダ会計基準	国際財務報告基準
JVの測定（連結）	比例連結又は純資産評価	比例連結又は持分法
JVの測定（個別）	原則として純資産価額	取得原価又はIAS 39
一貫性の適用	JVは個々に取扱う	全てのJVを同様に扱う
支配権喪失	キャリーオーバー原価	公正価値

第6章 会計制度に関するQ&A

⒅ **外貨換算**

	オランダ会計基準	国際財務報告基準
為替予約の評価	公正価値又は原価	公正価値
買収取得の外国営業権	外国法人又は買収法人の資産として処理	外国法人の資産として処理
外国法人の売却による為替換算調整勘定の処理	資本として維持又は損益処理	損益処理
表示通貨	資産及び事業内容次第	自由選択

⒆ **金融商品**

	オランダ会計基準	国際財務報告基準
認識中止	経済的利益及びリスクの第三者への移転	実質的に全てのリスク及び利益に対する権利が移転された場合
非上場の資本商品の評価	原価又は現在価値	公正価値
非上場有価証券のデリバティブ評価	原価又は現在価値	公正価値
公正価値評価	公正価値変動は評価準備金を計上し，損益処理又は資本処理される	条件を満足すれば損益処理される
マイナス再評価準備金	減少は損益処理	減少は損益又は資本

⒇ **リ ー ス**

	オランダ会計基準	国際会計基準
定義	契約内容に基づくリスク，便益の移転に関する質的判断及び75％（期間），90％基準（要支払額とリース資産価額の割合）を補完基準とする	リースとは，対価の支払いと交換に，一定期間に亘ってある資産の使用を支配する権利を移転する契約である。少額リース，短期リースの例外

⑵1 貸借対照表に記載されていない権利義務

	オランダ会計基準	国際財務報告基準
オランダ民法による開示	取締役会，監査役会の構成員に対する保証など長期に財務上の契約がある場合	特に規定なし
パートナーシップの影響	負債の性質に関する開示	特に規定なし
長期契約	会社の長期財務契約のうち重要な契約	特に規定なし
棚卸資産に関する契約	通常の事業と比較して買取義務，売渡義務の数量が大きい場合の開示	特に規定なし

⑵2 １株当たり利益

	オランダ会計基準	国際財務報告基準
優先株の調整	明確な規定なし	優先株に関する詳細な調整規定あり
買収，プーリングにおける普通株の発行	両者を区分して規定している。取得法が適用される場合，企業結合に伴い発行された普通株式と取得日以降の損益を対応させる	両者の区分はない
普通株発行又は現金による契約解除	特に規定なし	発行，保有会社のオプションで普通株発行がなされる場合は，いずれの場合も希薄化計算で考慮する
従業員株式オプション	特に規定なし	当該オプションが確定的である場合，権利付与日以降考慮する

⑳ 会計方針の変更等

	オランダ会計基準	国際財務報告基準
重要な誤謬	基礎的な誤謬とその他の誤謬に区分し，基礎的な誤謬は，修正年度の期首資産，負債，資本を修正する。比較数値が可能である場合，開示される。基礎的ではないが重要性が高い誤謬は，遡及修正しない。	全ての誤謬は，期首の資産，負債，資本を修正し，遡及修正する
将来の会計方針変更に関する開示	特に規定なし	すでに公表されている会計基準又は解釈指針を将来適用する場合の情報を開示する必要がある

㉔ 後発事象

	オランダ会計基準	国際財務報告基準
財務諸表作成後株主総会で採択されるまでに発生した事象の取扱い	真実かつ公正な開示に資する限り修正する	財務諸表作成期間後株主総会で採択される時点までの事象については修正しない
配当提案	決算日後の配当決議に関し負債計上することも可能	当該配当に関し貸借対照表で負債計上することは認められない
優先配当	配当可能利益がある限り負債計上する	優先株の法的権利により負債又は資本計上される

⑳ 廃 止 事 業

	オランダ会計基準	国際財務報告基準
売却処分予定の資産測定	特に規定なし	簿価又は公正価値から販売費を控除した額のいずれか低い額
減価償却	処分時点まで行う	売却予定とされた時点で減価償却を停止する
廃止事業の認識時点	当該事業に関連する資産の売買契約書締結又は会社の意思決定機関が承認し，事業廃止に関する詳細かつ正式な計画を公表した時点で認識する	廃止事業の定義を満たした時点で開示する

㉖ 非流動資産の減損処理

	オランダ会計基準	国際財務報告基準
適用範囲	オランダ会計基準121は，取得原価，公正価値又純資産価額で評価されている非流動資産に対し適用される。金融資産，従業員給付，繰延税金資産には適用されない	左記から，投資不動産，保険契約，売却及び廃止事業で非流動資産として保有している資産などを除外する
減損テスト	減損の兆候がある場合には，減損テストを行う。営業権が20年以上にわたり償却されている場合，毎期減損テストを行う	減損の兆候に加え，次の資産に関しては，年一度減損テストを行うとしている ・　無期限の耐用期間を有する無形資産 ・　未使用の無形資産 ・　企業結合により取得したのれん

第7章

会社法務，その他のQ&A

● Point ●

　第7章では，オランダの会社法，労働法に関する質問を取り上げています。

　2012年，フレックスBVが導入され，最低資本金，株主の権利，減資手続，配当限度額などについて改正が行われました。これにより，会社法の手続が簡素化され，より柔軟な取扱いになりました。

　また，2015年に労働，生活安定法が施行されたことで，試用期間，競業禁止条項，契約期間満了による契約終了，雇用契約の更新，解雇，転職手当などについて改正がなされました。

　いずれも，オランダ進出日系企業に対して影響のある改正です。

1 会社法

Q1 株主総会

BVの株主総会について教えてください。

Answer

BVの株主総会の概要は、次のとおりです。

(1) **総会招集通知の発送時期**

招集通知の発送は8日前に行いますが、通知がない場合又は8日前までに通知されない場合、株主総会は全株主の同意がなければ法的に無効となります。招集通知には株主総会の議題が記載されます。

(2) **総会の開催時期**

株主総会は、少なくとも年1回開催されます。BVの場合、総会の開催時期に関する定めはありません。

(3) **総会の開催場所**

株主総会は定款に規定された場所で開催されますが、外国での開催も可能です（税務の実質要件との関連を考慮する必要がある）。

(4) **電子媒体による招集通知、決議の有効性**

株主総会の招集及び決議は、電子媒体（e-mail）によることも認められます。

(5) **株主総会の権限**

株主総会の権限のうち、主要項目は下記のとおりです。

・ 新株の発行

- 取締役の選任，停止，解雇
- 定款変更
- 会社の財務諸表の採択
- 清算，合併，分割，変更

(6) 定款変更決議

株主総会は，定款変更の権限を有します。定款変更決議が株主総会の議題となる場合，招集通知に記載し，当該議案を本店にて公衆縦覧に供する必要があります。定款変更手続は，公証人により行われます。公証人の作成する定款変更公正証書には，定款変更に関する総会決議の議事録が収録されます。

定款変更に関する第三者からの異議申立てに関する証明書を法務省から入手するまで，定款変更は法的に有効ではありません。取締役は，定款変更公正証書の写し及び変更後の定款を商工会議所で公衆縦覧に供することになります。

Q2 取締役及び取締役会

BVの取締役，取締役会について教えてください。

Answer

BVの取締役，取締役会の概要は，次のとおりです。

(1) 取締役の選任，交代

最初の取締役は会社設立時に選任されますが，その後は株主総会の決議により選任されます。株主総会は，いつでも取締役の職務執行を停止又は解任することが可能です。

取締役は商工会議所に登記され，退任，選任の都度，登記を更新します。登記変更には，所定の用紙に必要事項を記入し，商工会議所に提出します。その際，公証された新任取締役のパスポートのコピー，住民票の英訳，銀行口座及び株主総会議事録が必要となります。

(2) 企業統治の方法

オランダでは従来、取締役会及び監査役会の二層構造の企業統治が行われてきましたが、2013年以降、取締役会の構成を執行と非執行（監督）に区分した一層構造の企業統治を採用することも認められています。

(3) 取締役の年齢、国籍制限

取締役に年齢、国籍などの制限はありません。

(4) 取締役の権限

定款において、一人又は複数の取締役が代表する権限を有することを規定することができます。この場合、取締役は単独又は共同代表という形で会社代表権を有することになります。また、取締役の権限に関して、取締役は株主総会、監査役会の事前承認を得なければならない旨を定款に規定することもあります。取締役の権限は、商工会議所に登録されます。取締役以外の個人が委任状（プロキシー）保有者という形で登録されることもあります。

取締役の行為は会社を拘束しますが、その行為が悪意によることを他の取締役が証明するときは、取締役個人が責任を負います。会社が破産した場合、取締役全員が責任を負うことになり、会社が存続していた期間に生じた租税債務、社会保険料等に関して全取締役が責任を負います。また、会社決算に重大な誤りがあり、第三者が損害を被ったときの損害賠償責任を負います。

(5) 取締役会の権限

取締役会は、会社の方針を決定し履行する権限を有します。特別な重要事項に関し、取締役会の権限を制限し、株主総会の承認事項とすることを定款において定めることもできます。しかし、株主総会の承認がないことを理由に第三者に対し会社行為の無効を主張することは認められません。

この制限は内部的なものであり、第三者に対抗できるものではありません。

(6) 取締役会の開催頻度

オランダ民法では取締役会の開催頻度について規定はありませんが、定款において規定することは可能です。

(7) 取締役会議事録の作成保管

法的に規定されていません。

Q3 監査役会

監査役会について教えてください。

Answer

BVのような私的有限責任会社が3年以上大会社に該当する場合，監査役会を設置する必要があります。この場合の大会社とは，資本金，法定準備金の合計金額が16百万ユーロ以上，支配会社を含めオランダ国内において100名以上の従業員を有する労使協議会の設置会社です。

大会社以外の会社が，監査役会の設置を任意に定款に規定することも認められています。

(1) **監査役会の権限**

監査役会は取締役の職務執行を監督し，会社の業務を監視し，取締役会に対する助言の権限を有します。監査役会が適当と認めるとき，取締役会に対し重要な会社情報を提供するように求めることができます。

(2) **監査役会の承認を要する事項**

以下の事項については，監査役会の承認が必要です。

- 株式の発行及び取得
- 他の会社との重要な協力関係の継続，解除
- 会社の買収（貸借対照表の資本金，準備金の4分の1以上の買収価額の場合で子会社による買収も含む）
- 定款変更
- 会社清算
- 大規模な従業員の解雇（子会社を含む）

- 従業員の雇用条件の大幅な変更
- 減資

Q4　労使協議会

当社は，オランダに会社を設立して，50名以上の従業員を雇用することを予定しています。この場合，労使協議会を設置することになると聞きましたが，労使協議会について教えてください。

Answer

50名以上の従業員を恒常的に雇用する会社は，円滑な企業活動のために労使協議会（Works Council）を設置することが義務付けられています。この場合，従業員には雇用契約を有する従業員，24か月以上勤務している派遣社員が含まれますが，ダイレクター（単独又は共同で会社を経営する立場にある者）は雇用契約があったとしても含まれません。

50名以上の従業員がいる会社で労使協議会を設置していない場合，労働組合，従業員からの求めに応じて労使協議会を設置することになりますが，労使協議会に対してコンサルテーションが必要とされる不測の事態が生じた時に，まず労使協議会の設置を行ってから会社の意思決定がされることになりますので，意思決定のタイミングが遅れるリスクがあります。

労使協議会法第25条及び第27条において，経営者が意思決定する前に労使協議会とコンサルテーション会議を持たなければならない事項について規定されています。第25条に規定されている主要な事項は，下記のとおりです。

- 会社全体又は一部の支配権の移転
- 他の会社に対する支配の確立，引継ぎ，譲渡など
- 会社全体又は重要な事業の停止

- 事業活動の重要な縮小，拡大ほか
- 会社における重要な組織変更又は権力配分の変更
- 事業活動場所の変更
- 企業集団ベースでの労働の採用，融通
- 重要な投資の実行
- 重要な貸付の返済
- 重要な他の会社の負債に対する信用供与
- 重要な技術的引当の導入及び変更
- 自然環境の管理に関する重要な方策の実行

また，第27条では，下記のような事項に関する変更について労使協議会の支持が必要であるとされています。

- 年金保険スキーム，利益共有スキーム，貯蓄スキームに関する規則
- 勤務時間，休暇等に関する規則
- 給与，職階システムに関する規則
- 労働条件，病気休暇などに関する規則
- 選任，解雇，昇進に関する規則
- 従業員訓練に関する規則
- 従業員評価に関する規則

Q5 現物出資の法的手続

当社は，日本の親会社が保有する株式について，オランダ会社に現物出資することを検討しています。株式の現物出資による増資手続は，どのようになりますか。

Answer

増資は公証人により行われますが，現物出資の場合，現物出資資産に関する

記述書 (description) を作成し，出資契約を締結し，出資資産の評価方法及び評価額を記載します。現物出資資産に関する監査人の証明書は不要です。

現物出資手続は，下記のとおりです。

- 現物出資及び新株式発行に関する株主総会，取締役会決議
- 出資契約書の作成
- 公証人による増資に関する証書 (Deed) の作成
- 増資に関しオランダ商工会議所へ通知
- 子会社株主の変更手続

Q6 減資の法的手続

当社は，株式消却による減資差益と欠損金を相殺するために，オランダ会社の資本金を減資することを検討しています。減資の方法，手続について教えてください。

Answer

減資には，額面金額を減少する方法と株式を買入消却する方法があります。前者では，公証人による定款変更手続により1株当たり額面金額を減少させます。後者は，オランダ会社が日本の親会社から株式を有償（時価）で買い取り，株主総会決議により株式を消却する方法です。

1回当たりの買取り可能株式数は従来，発行済株式総数の50％に制限されていましたが，フレックスBVではその制限が廃止されました。ただし，株式の消却には配当と同様，資本テスト，流動性テストなど取締役会の承認が必要です。減資公告は不要となり，額面変更による減資に債権者の異議申立てはできなくなりました。

Q7 合併の法的手続

当社は,オランダ持株会社とオランダ子会社の合併を検討しています。オランダにおける合併の意義,方法,手続について教えてください。

Answer

オランダ国内における法的合併は,オランダ民法第2編第7章に規定されています。国内合併の一般的な形態は,存続会社が他の会社を吸収合併する場合です。公証人の手続が適法に実行されることにより,法的に合併が成立します。公証人手続に先立ち,合併に関する異議申立てがない旨の通知を法務省から入手する必要があります。全ての資産,負債及び契約は合併により被合併会社から合併会社に移転し,被合併会社は合併手続完了時点において消滅します。

1 国内合併の方法

合併の方法には親子合併又は姉妹合併がありますが,持株会社が子会社を吸収合併する場合は親子合併に該当します。

2 国内合併手続

国内合併手続は,合併提案書(merger proposal)の作成,合併決議,公証手続の三つのステップから構成されます。労使協議会(work council)が設置されている場合は合併に関する相談・助言を求める必要があり,労働組合への事前通知が必要となるケースもあります。また,EU独占禁止法,オランダ競争法に基づく届出の要否を確認する必要もあります。

(1) 合併提案書(merger proposal)

合併会社と被合併会社の取締役が共同して合併提案書を作成し,全取締役が署名を行い株主総会に提出します。監査役会設置会社は,監査役会の承認も必

要です。合併提案書には，最低でも下記の事項が記載されます。
- 合併会社，被合併会社名等
- 定款
- 被合併会社株主の権利
- 合併後の取締役会
- 被合併会社の財務諸表の受入時期
- 営業に関する合併の影響
- その他

合併会社の取締役は，合併理由，社会的，経済的，法的な影響について，合併提案書の説明書（explanatory memorandum）において明確にする必要があります。

次に，合併会社，被合併会社は，商工会議所に下記の書類を提出します。
- 合併提案書
- 合併会社，被合併会社の過去3年間の監査済財務諸表
- 直近決算期から6か月以上経過している場合には，中間財務諸表

合併会社及び被合併会社は，全国紙において合併関係書類が商工会議所に提出された旨を公告します。提出された書類は債権者等の公衆縦覧に供され，債権者は，全国紙に公告された日より1か月間，裁判所に対し合併に対する異議申立てができます。

(2) **合併決議**

合併公告から1か月間経過し異議申立てがない場合，合併会社，被合併会社において合併決議が行われます。合併決議に関する議事録は，公証人による合併公正証書に収録されます。合併決議は両社の取締役が法律事務所に委任状を提出し，通常弁護士が事務代行します。委任状には取締役が署名しますが，当該署名が本人のものであることを法的に証明する必要があります。

合併により定款を変更する場合，定款変更決議は合併決議の一部として行われます。

(3) 公証手続

公証手続に入る前に，法務省から合併に関する異議申立てに関する文書を入手します。合併に関する公証手続が終了した翌日，合併は法的に有効になります。公証手続は，合併公告日から6か月以内に実行されます。合併に関する異議が申し立てられても，裁判所による却下決定により，1か月以内に合併手続を実行することができます。

合併会社は，公証手続終了日から8日以内に商工会議所において合併登記する必要があります。また，合併から1か月以内に不動産に関する公的記録を保管する関係機関への通知を行う必要があります。

Q8　クロスボーダー合併手続

当社は，オランダ会社とドイツ会社をクロスボーダー合併することを検討しています。両国における法的手続について教えてください。

Answer

クロスボーダー合併には当事者の所在地国における国内合併規定が適用されますので，EU共通のテンプレートは存在しません。したがって，合併会社，被合併会社の所在地国の合併手続を調査し，法的手続に関するステッププランを作成する必要があります。両国において合併手続が終了した時点で，存続会社の所在地国において合併登記されます。オランダ会社が存続会社である場合，オランダ公証人が合併登記を行います。オランダ当局から発行される合併承認文書をドイツ当局に提出することにより，ドイツ会社は消滅します。合併手続は，会社から委任状（power of attorney）を入手して公証人が代理することになります。

オランダ会社とドイツ会社がクロスボーダー合併する場合，合併提案書に基

づき，両国の合併規定がそれぞれ適用され，合併手続が同時に進行する形でクロスボーダー合併が進められます。

クロスボーダー合併手続は，下記のとおりです。

(1) **オランダ**

① 事前準備	3期間の財務諸表
	中間財務諸表（必要であれば）
	重要な契約のチェック
	ライセンス変更の必要性
	合併公表の要否
	被合併会社の不動産の有無
	従業員参加権利の有無
② 合併文書	合併提案書の作成
	合併説明報告書の作成
	委任状の作成（合併決議，合併公正証書）
③ 提　出	合併文書を商工会議所へ提出
	合併文書を会社で備置
④ 公　告	全国紙に公告
⑤ 債権者保護期間	合併文書の提出から1か月
⑥ 合併手続	裁判所から異議申立てに関する文書の入手
	ドイツからの合併前証明書の入手
	合併決議
	合併公正証書の作成

(2) **ド　イ　ツ**

① 事前準備	財務諸表の作成と承認
	最終財務諸表の作成と承認（最終貸借対照表は合併申請書に添付される）
	最終貸借対照表の監査
	共同合併提案書の作成
	合併説明報告書の作成

②	提出と公告	合併提案書の登記所への提出及び公告（合併決議より1か月前までに公告する）
③	債権者保護期間	合併提案書の登記公告から2か月
④	委任状	合併公正証書目的
		合併決議目的
⑤	合併手続	公証人手続
		合併決議
		合併登記申請書に対する署名
		登記所に対する合併登録申請書提出
		合併前証明書（premerger certificate）の入手
		オランダ公証人に対し合併前証明書の送付
		オランダ公証人手続終了
		ドイツ会社登録抹消

Q9 買収に関する手続

当社は，オランダの会社を買収することを検討しています。買収の方法及び買収デューデリジェンスについて教えてください。

Answer

1 株式買収又は資産（事業）買収

買収には，株式買収と資産（事業）買収がありますが，株式買収により会社の支配権を獲得する場合，合併法が適用されます。上場会社の株式を一定割合以上取得するときは，財務省に通知する必要があります。

資産買収が法的に有効とされるには，個々の資産が適法に移転されることが必要です。全資産の取得は合併とみなされ，合併法が適用される可能性もあります。

2 デューデリジェンス

買収に先立ち、ターゲット会社を精査する必要があります。この調査をデューデリジェンスといいます。ターゲット所在地国の会計事務所に調査を依頼するのが一般的です。依頼者が調査範囲を決めますが、一般的には対象会社の経営者から提出される情報に関し、財務、税務及び法律の観点から調査が行われます。

デューデリジェンスの調査事項は、下記のとおりです。

財　務	監査人に対するインタビュー
	監査人により発行されているマネジメントレターの入手
	直近決算のレビュー、会計方針、財務分析
	契約書レビュー
	銀行保証の検討
	現時点の決算見通し
税　務※	経営者に対するインタビュー
	提供された税金関係書類のレビュー、分析
	直近税務調査の結果レビュー
法　律	法人組織
	子会社の有無
	経営管理組織
	資金調達、担保
	訴訟、偶発債務の有無
	第三者との契約書レビュー
	無形固定資産
	保険
	労働法問題に関するレビュー

事　業	経営者に対するインタビュー	
	会社事業の特徴，状況の把握	
	予算，事業計画，将来見通しの入手	
	事業計画の前提，リスク要因の入手	
	将来見通しに関するインタビュー	
	産業分析，会社を取り巻く経済的，包括的環境	
	競合他社との比較における実績，市場占有分析	

※　法人税，賃金税（給与税），社会保険，VAT等の関連する事項が調査対象となります。

Q10　EU独禁法，オランダ競争法

買収に関連して，EU独禁法及びオランダ競争法の取扱いについて教えてください。

Answer

買収を行うときは，買収会社の所在地国の法律事務所に委託し，独占禁止法に基づく届出が必要かどうか確認します。

(1) **EU独禁法**

合併又は買収において次の条件を全て満たす場合，EU独禁法に基づき事前に欧州委員会に届出を提出する必要があります（EC規則139／2004）。

・　当事者全ての全世界ベース売上高合計が50億ユーロ超

・　当事者の最低2社のEU内での売上高がそれぞれ1億ユーロ超

・　3か国以上のEU加盟国において，当事者全ての売上高合計がそれぞれ1億ユーロ超

・　上記要件に該当する3か国以上のEU加盟国のそれぞれにおいて，当事者の少なくとも2社のEU内における年間売上高がそれぞれ2,500万ユー

ロ超（ただし，当事者の総売上高の3分の2超を加盟国の1か国で計上していないとき）

(2) オランダ競争法

オランダでは1998年から競争法（Competition Act）が施行され，オランダ競争庁（Netherlands Competition Authority）が設置されています。買収が下記条件に該当する場合，事前届出が必要です。

- 当事者の直近会計年度の全世界売上高合計が1億5千万ユーロを超過する場合
- 当事者の少なくとも2社のオランダにおける国内売上高がそれぞれ3億ユーロを超過する場合

当局による評価結果は4週以内に通知されますが，ライセンス（許可）が必要とされる場合，関係当事者は許可申請届出を競争庁に提出します。これを受けて，競争庁は13週以内に決定を下します。

Q11 会社分割の法的手続

オランダにおける会社分割の方法及び分割手続について教えてください。

Answer

BV及びNVは，法的手続により会社分割することができます。この場合，分割する資産，負債の対価として新株式を取得します。法的分割と合併は反対の関係にあります。

1 会社分割の方法

法的分割は，二つの形態に分類されます。

スプリットアップ（Split-up）と呼ばれる形態は，譲渡会社の全ての資産，負

債が既存の最低2社又は新設会社に移転され，資産，負債の取得会社は，譲渡会社の株主に対し株式を発行します。譲渡会社は清算することなく消滅します。

これに対し，スプリットオフ（Split-off）と呼ばれる形態は，資産及び負債の全て又は一部が既存の会社又は新規設立会社に対し移転され，取得会社は譲渡会社の株主又は譲渡会社あるいは両者に対し株式を発行します。譲渡会社が資産及び負債を新設会社に対しスプリットオフする場合，譲渡会社が株主となりますので，譲渡会社は消滅しません。また，資産及び負債を取得会社に移転し，譲渡会社が対価として取得会社の親会社の株式を取得する方法（いわゆる三角合併）も可能です。

2　会社分割手続

譲渡会社の取締役が作成する分割提案書には，下記事項が記載されます。
- 法人名
- 譲渡法人の定款
- 譲渡される資産，権利，持分，負債
- 譲渡資産の価値等

財務情報等が商工会議所に登記され，分割に関する公告がなされてから1か月経過し，債権者からの異議申立てがない場合，株主総会において分割決議を行い，公証人による手続により分割が実行され，最終的に商工会議所に登記されます。実際の所有権の移転に関し，民法は契約書の締結と実際の引渡しを求めています。

Q12 会社清算

当社は,オランダ会社を清算することを検討しています。オランダにおける会社清算に関して,①債務超過会社の清算,②会社清算のスケジュール,③清算人,④清算手続における活動停止期間,⑤従業員の解雇について教えてください。

Answer

1 債務超過会社の清算

債務超過会社を清算する場合,総債権者の同意が得られないときは,任意清算ではなく破産手続により会社を解散することになります。破産手続は,裁判所の管轄になります。破産ではなく任意清算するには,債務超過を解消する必要があります。債務超過の解消策として,親会社からの債権放棄も一つの方法です。

2 会社清算のスケジュール

会社清算に関するスケジュールは,次のとおりです。

① 清算に関する定款規定のチェック
② 清算決議により,清算人及び可能であれば清算終了後の連絡先となるカストディアン(custodian)を選任
③ 清算決議の商工会議所への届出
④ 債権回収,債務整理
⑤ 清算貸借対照表,配当計画の作成
⑥ 清算貸借対照表,配当計画の商工会議所への届出
⑦ 全国紙における公告,2か月間の異議申立て期間
⑧ 異議申立て期間終了後,商工会議所への通知,裁判所に対し債権者の異議申立てに関する証明書の発行申請
⑨ 裁判所から証明書の入手
⑩ 清算配当支払い,源泉税申告書の提出
⑪ 資産処分終了日(清算結了日)から8日以内に商工会議所に清算結了に関する

届出，登記抹消
⑫　カストディアン（custodian）による7年間の会計記録保管
⑬　最終税務申告書の作成，提出
⑭　最終査定書の入手，各種税務番号の抹消登録，社会保険関係登録抹消
⑮　銀行口座の閉鎖

3　清算人

　清算決議により清算開始日が決定されると，取締役から清算人が選出されます。トラスト会社又は日本の親会社の非居住取締役が清算人になることも可能です。また，清算人がカストディアンを兼務するケースもあります。

4　清算手続における活動停止期間

　清算手続が開始されると，清算会社は2か月間活動を停止せざるをえません。それまでに債権回収，債務整理などを清算開始前に行うことが，清算手続を短期に終結させる上で重要となります。

5　従業員の解雇

　清算により従業員を解雇するときは，解雇手続に時間を要することがありますので，従業員に対する解雇通知，転職手当などについて，弁護士と十分に相談する必要があります。労使協議会設置会社では，事前承認が必要な場合もあります。

2 雇用契約

Q13 雇用契約の締結

当社は，オランダ会社を設立して従業員を雇用する予定です。オランダにおける雇用契約の締結に関して，参照すべき法規定を教えてください。

Answer

雇用契約の締結に関連する法規定は，下記のとおりです。

① オランダ民法（第7章）
② Collective Bergaining Agreements（以下，CBA）
　　CBAには，産業単位のものと企業単位のものがあり，前者は後者に優先適用されます。CBAは関係者間の合意事項であり，関係者はこれを遵守することになります。産業単位のCBAの場合，参加会社の経営者はこれに拘束されます。CBAは労働法よりも優先適用される場合があります。雇用契約書の内容がCBAから乖離することは認められません。
③ 最低賃金法
④ 労働関係通達
⑤ Act regarding Annoucement of Collective Termination
　　20名以上の従業員を解雇する場合に適用されます。

⑥ 労使協議会法（Works Council Act）
50名以上の従業員を有する会社に適用されます。

Q14 雇用契約書の記載事項

当社では，オランダ人従業員を雇用することを予定しています。雇用契約書にはどのような事項を記載すればよいですか。

Answer

オランダ人従業員を雇用する際の雇用契約書には，以下の事項を記載することが義務付けられています。

義務的記載事項	雇用者，被雇用者の氏名，住所
	勤務地
	被雇用者の地位，業務内容
	開始日
	期間（特定期間が決められている場合）
	休暇
	通知期間
	賃金，支払期間
	労働時間
	年金制度の有無
	適用可能な合意書

その他，必要に応じて次のような事項を記載します。

その他の記載事項	試用期間
	残業
	カンパニーカー
	必要経費
	賞与制度
	病気期間中の給与支払
	健康保険料負担
	特別規定
	適用可能法規

Q15 試用期間

オランダ労働法における試用期間の取扱いが改正されたと聞きましたが，これについて教えてください。

Answer

　2015年1月，労働，生活安定法の発効により，試用期間に関する規定が変更されました。6か月以下の契約は労働者にとって不安定なものであり，さらに試用期間を設けることになると不安定さが増すため，期限が6か月以上2年以下の契約において，最高1か月の試用期間が認められることとなりました。なお，期限2年以上の契約及び無期契約における試用期間の取扱いに変更はありません。

　また，期限付き契約，無期契約にかかわらず，更新された契約において試用期間を設定することは認められません。再度契約を締結した際には，雇用者は従業員の能力，適正を把握できていますので，改めて試用期間を設定する必要がないということが背景にあります。

　したがって，最初の契約時に6か月以上2年以下の有期契約を締結して，1

か月の試月期間を契約に含め，試用期間である1か月が経過した時点で従業員の能力・適正を見た上で契約を更新するかどうかを決め，それ以後は，通知期間を考慮しながら無期契約に移行するかを決定することになります。

Q16 競業禁止条項

オランダの労働契約における競業禁止条項について教えてください。

Answer

雇用者と従業員は，労働契約に競業禁止条項を含めることができます。この規定により，従業員が雇用契約終了後に競争相手に就職することを防止できます。

競業禁上条項は，書面での合意がある場合に有効とされていましたが，労働，生活安定法による民法の改定があり，無期契約にのみ規定ができることとされました。契約締結時には，競業禁止条項を契約書に規定する理由を明示して説明する必要があります。

ただし，当該条項により従業員が著しく不利な立場になるときは，裁判所は当該条項が全面的又は部分的に無効であると判断する可能性もあります。

Q17 最低賃金，法定休暇手当

オランダにおける最低賃金及び法定休暇手当について教えてください。

Answer

オランダでは，最低賃金法により最低賃金が決められています。また，従業員は給与総額の8％の休暇手当を受け取ることが保証されています。これは，通常5月又は6月末に一括支給されますが，毎月の給与に含めて支払うことも可能です。

Q18 病気療養中の従業員給与

オランダでは病気療養中の従業員に対しても給与を支払う義務があると聞きましたが，これについて教えてください。

Answer

雇用者は，従業員が病気療養中であっても，直近給与の70％相当額を52週間支払う義務があります。52週間経過すれば支払う義務はありません。CBAが適用される場合は，これに従うことになります。

Q19 雇用契約の終了

オランダにおける雇用契約の終了は，どのように行いますか。

Answer

オランダにおける雇用契約の終了形態は，次のとおりです。

(1) **双方合意による終了**

双方の合意に基づき雇用契約を解除できます。

(2) **試用期間中の終了**

いつでも雇用契約を解除することが可能です。

(3) **緊急事態の発生に基づく終了**

以下に該当する場合，雇用契約を終了することができます。

- 能力の重大な欠如
- 盗難等の行為
- 重大な責任感の欠如
- 合理的な仕事の度重なる拒否
- 重大な損害を及ぼす反社会的行為

なお，裁判所が上記の緊急事態を受け入れるには，雇用者が挙証責任を負います。

(4) **契約期間終了による終了**

特定の雇用期間が明示されている場合，当該期間満了時点で雇用契約を終了することができます。通常，6か月，12か月など特定期間の契約が交わされ，当該期間満了時点で双方が満足できない場合，契約を終了させることができます。

原則として，雇用者は通知に関し事前合意している場合を除き，当該契約を更新する意図がないことを通知する必要はありませんでしたが，2015年の労働，生活安定法の施行により，6か月以上の有期契約については通知義務が導入さ

れました。したがって、雇用者は従業員に対し、最低1か月前までに書面で更新の有無に関する決定を通知します。雇用者が通知義務を怠った場合には、1か月分の給与を補償します。6か月以下の有期契約には通知義務はありません。また、派遣契約の場合にも通知義務はありません。

　契約を更新する場合、新たな契約条件を提示する必要があります。条件の提示がないときは、従前の契約と同じ条件が同じ期間（最高1年）継続するとみなされます。雇用契約の更新に関する通知はメールと郵便の両方で行い、コピーを保管しておく必要があります。

(5)　**従業員の辞職による終了**

　従業員が雇用契約を終了したい場合、契約終了申請を提出する義務はありません。民法規定によれば、1か月前に通知すればよいとされています。雇用契約書において、1か月以上6か月を超えない通知期間を規定することも可能です。

(6)　**UWV（Dutch Emplyee insurance Agency）からの同意通知による終了**

　雇用者は、UWVに合理的な解雇事由等を提示し、同意を得れば雇用契約を終了させることができます。

(7)　**裁判所の許可による終了**

　経済的状況の変化による組織再編等の理由により、裁判所の許可を取得し、雇用契約を終了することができます。

Q20　雇用契約の更新

当社では，当初従業員と有期契約を締結しましたが，今回更新することを検討しています。これに関して，留意すべき点はありますか。

Answer

有期契約を更新することは可能ですが，2015年7月に発効された労働，生活安定法では，下記の場合，有期契約は自動的に無期契約になります。

① 3回以上契約が連続して更新された場合の，4回目以降の契約（例えば，6か月の有期契約の4回目の更新）

② 雇用者と従業員が複数回契約を締結し，結果として雇用期間の合計が24か月以上になる場合（例えば，1年有期契約の3回目の更新）

複数回有期契約の更新が行われた場合，6か月以下の契約中断期間があったとしても，契約に連続性はあるものとみなされます。有期契約が2回更新されて，6か月と1日経過した時点で24か月を超えていなければ，連続性は絶たれることになります。

改正法は，2015年7月1日以降に締結，更新される契約だけでなく，継続する契約にも適用されますので，留意が必要です。

Q21　解雇手続

当社では，無期契約の従業員を解雇することを検討しています。オランダにおける解雇手続について教えてください。

Answer

　種々の事由により，従業員を解雇しなければならないことがあります。従業員が病欠している場合，雇用者は1年間，給与相当額の70％を支払う必要がありますが，解雇せざるをえない場合もあります。また，経済的状況から支店，BV又はNVを閉鎖し，従業員を解雇する場合も考えられます。

　オランダ労働法は労働者に手厚い法律ですが，近年これがオランダ国内においても問題視されています。一旦無期契約となった場合，UWVによる解雇許可又は民法規定による簡易裁判所の決定がなければ解雇はできません。2015年7月施行の労働，生活安定法では，解雇理由によりUWV又は簡易裁判所の選択が決まるとされており，雇用者による選択ができなくなりました。

(1) UWVからの同意通知の基づく雇用契約の終了

　雇用者は，UWVに合理的な解雇事由等を提示し，同意を得なければなりませんが，下記の事由は，一般的に合理的な解雇事由とされます。

　①　会社の事業を取り巻く経済状況

　②　従業員の長期病欠，就労不能

　審査には通常，4～5週間程度かかります。審査に時間を要する場合，解雇予告期間からマイナスすることができますが，予告期間は1か月を下回ることはできません。一旦許可が出ると，下記の状況を除き，速やかに通知されなければなりません。

　①　従業員が病欠期間中の場合（病欠期間が2年を超える場合は別）

　②　従業員が妊娠中の場合

　2年以上病欠の状況にある従業員との雇用契約を解除したいときは，雇用者

は，当該従業員が今後26週間以内に復帰するのが困難で，かつ会社内に適当な職務がないことをUWVに説明する必要があります。

無期契約の場合，解雇通知を事前に送付する時期は，下記のとおり勤務年数に応じて決められています。一方，従業員からの契約終了通知は，通常1か月前までにすればよいとされています。

勤務年数	解雇通知の送付時期
0～5年	1か月前まで
5～10年	2か月前まで
10～15年	3か月前まで
15年超	4か月前まで

(2) 裁判所の許可による雇用契約の終了

会社及び従業員は，いつでも裁判所に対し雇用契約の終了を求めることができます。簡易裁判所は，従業員の仕事の実績，責められるべき行為，職務怠慢等の事情がある場合の解雇を審査します。

簡易裁判所の手続は申請書の提出から開始され，申請の審査は4週以内に開始します。簡易裁判所への申請書の提出は従業員から行うこともできます。従業員は，契約終了後2か月以内に申請書を提出します（解雇補償額の場合は3か月以内）。

雇用者が中途解約できない有期契約を契約日以前に終了させたいときは，理由に関係なく簡易裁判所に審査を申請します。裁判所が，会社からの解雇許可を認めた場合，短期間のうちに契約終了日が決められます。雇用環境の変更は解雇の重要な事由に該当し，契約終了の合理的根拠を立証しうるものである必要があります。

改正法では，簡易裁判所の判決に不服がある場合，控訴，上告の機会が認められています。また改正法では，雇用者に研修訓練義務を課しています。簡易裁判所に従業員の勤務実績を理由として解雇申請した場合，雇用者が十分な研修を提供していないと認められるときは，裁判所は解雇を認めないこともあり

得ます。

Q22 転職手当

オランダでは，従業員を解雇する際，転職手当を支給することがあると聞きました。転職手当について教えてください。

Answer

従業員の解雇に際して，以前は簡易裁判所が一定の公式に従い解雇補償を支払うように命じていましたが，現在は，解雇される従業員が一定条件を満たすとき，転職手当を支給することとされています。

転職手当は，解雇補償であると同時に次の会社への異動を支援する目的で支給されます。従業員は下記の場合，転職手当を受け取る権利があります。

① 労働契約が最低24か月継続した場合
② 雇用者の決定又は雇用者の責任，怠慢を理由に従業員の決定で解約されたか更新されなかった場合

転職手当は，UWV，簡易裁判所のいずれの場合においても支給されます。従業員は転職手当の支給をUWV，簡易裁判所に申請する必要はありません。

転職手当の額は，最初の10年間はフルに勤務した半年毎に最後の月給額の6分の1相当額，10年以上の場合は，フルに勤務した半年毎に最後の月給額の4分の1相当額を加算します（2020年までの移行措置として，解雇の時点で50歳を超えているときは，従業員が50歳を超えて勤務した6か月毎に月給の2分の1の額を受ける権利がある）。税込みで75,000ユーロを上限としますが，年収がこれを超える場合には年収が限度となります。

Q23　取締役の解雇

当社では，オランダ人の取締役を解雇することを検討しています。取締役の解雇手続について教えてください。

Answer

取締役の解雇は，労働法，会社法において適法な解雇手続により行います。

(1) **会　社　法**

株主総会で取締役の解雇に関する決議を行う必要があります。株主総会の招集権は取締役にありますので，フレックスBVでは，株主総会の出席権を有する者（株主）が全員同意すれば決議することができるように変更されました。

解雇の対象となる取締役が総会で意見を述べることはできませんが，総会を傍聴する権利は認められています。

(2) **労　働　法**

取締役の場合，通常の従業員と同様の保護が行われる訳ではありませんが，民法には病気療養中の解雇制限規定がありますので，病気療養中は雇用契約を終了できません。総会招集通知発送後，総会開催前に取締役が病気の通知を行う場合，会社は裁判所に対し解雇申請を行うことができます。

Q24 オランダの社会保障制度

オランダにおける失業保険等の社会保障制度について，最近の改正及び改正予定を教えてください。

Answer

労働，生活安定法により，高齢失業者所得支援法（IOW法），高齢・就労不能失業者所得支援法（IOAW法）の改正が下記のように行われています。

- 失業保険の最高受給期間を24か月までに短縮（2016年1月）
- 失業保険期間の積立て期間の加算軽減（2016年1月）
- 失業保険の対象となる適格労働の概念厳格化（2015年7月）
- 失業期間中の時間清算から収入清算へ変更（2015年7月）
- IOW法の適用延長（2020年1月まで）
- IOAW法は段階的に廃止（2015年1月以降）

第8章

BEPS，EU税制に関するQ&A

● Point ●

　第8章では，BEPS，EU税制に関する質問を取り上げています。

　2015年10月，OECDからBEPS（税源浸食と利益移転）に関する最終報告書が公表されました。これを受けてEUは，2016年1月，加盟国に対するBEPSガイドラインとして，EU反租税回避指令（ATA指令）に関する提案書を公表し，6月に指令として採択されました。

　両者は，税制の一貫性，透明性，実体性を確保しようとするものですが，今後，オランダを含む各国税制，租税条約に大きな影響が生じる可能性があります。日系企業は，移転価格リスク等の税務リスク管理，税務コンプライアンスを含め，適切かつ迅速な対応が必要となる可能性があります。

　また，BEPSプロジェクトへの対応として，日本のタックスヘイブン税制が2017年に改正される予定です。トリガー税率の廃止，所得の種類に応じた課税など抜本的改正が行われる見込みですので，留意が必要です。

1　BEPS（税源浸食と利益移転）

Q1　ハイブリッド・ミスマッチの無効化（行動2）

最終報告書では、ハイブリッド・ミスマッチに対してどのような提言、勧告がされていますか。また、それについてオランダはどのように対応していますか。

Answer

　最終報告書では、ハイブリッド・ミスマッチにより得られるBEPS効果を中和化させるための国内法改正及びOECDモデル条約の改正について勧告されています。ハイブリッド金融商品又はリバースハイブリッドとの取引に関する支払いから生じる「損金算入かつ益金不算入」となる取引について、当該金融商品に係る配当免税に関する具体的な勧告事項を導入するか、損金算入の否認、又は支払いの益金算入を行うことになるとされています。ハイブリッド会社による損金算入可能な支払い又は二重控除をもたらす二重居住会社についても同様の措置が講じられることになります。

　さらに、租税条約の問題に関する勧告も述べられています。二重居住会社の居住性は、権限のある当局により決定されますが、当局間の合意が得られない場合、二重居住会社は、租税条約の恩典を享受できなくなります。また、課税上透明とされる会社を通じて獲得される所得について、当該国の居住者に適用される利子に関する税務上取扱いにより二重控除のミスマッチを回避すること

になります。

　ハイブリッドミスマッチの無効化は，相手国側の税務上の取扱いとの関係で自国の税務上の取扱いを決めるというリンキングルールによることになりますが，その適用範囲は，ハイブリッドミスマッチの類型により資本関係が25％又は50％とされています。

　オランダでは，2016年の税制改正によりハイブリッドローンの受取利子，償還優先株式からの受取配当について資本参加免税を適用できないことになりました。

Q2　利子控除制限ルール（行動４）

　オランダでは，利子控除制限ルールに関してコンサルテーションを行い，法制化されると聞いています。この利子控除制限ルールについて，最終報告書ではどのような方法が示されていますか。

Answer

　多国籍企業は，高税率国において借入を行うなど，負債に関する調整を行うことが可能です。最終報告書では，支払利子控除について納税者の経済活動と直接の関連性を有する必要があるとされ，下記の三つの方法が示されています。

① 　純利子が税務上のEBITDA（課税所得＋純支払利子＋減価償却費）の10％〜30％を超過する場合，当該超過部分（過大支払利子）の損金算入を制限する方法（固定比率ルール）

② 　全世界グループのポジションに基づく方法（グループ比率ルール）

③ 　特別な方法（リスクに対するターゲットルールによる方法）

　グループ比率は固定比率の代替法ではなく補完法であるとされており，固定比率ルールにより損金算入できない部分に関して，グループ比率までの損金算

入が認められることになります。グループ比率は、"グループ全体の第三者に対する純支払利子÷グループ全体のEBITDA"として計算されます。

また、その他の補完方法として、特別な方法が示されています。これは、出資と貸付の割合が一定割合を超える場合に損金算入を制限する方法です。

Q3　有害な租税慣行に対する効果的対応（行動5）

最終報告書では、IP優遇税制について「ネクサスアプローチ」が採用されたと聞きました。また、特定のルーリングに関する自発的情報交換についても提言がなされたようですが、それぞれどのようなものですか。

Answer

最終報告書では、有害な租税競争が意図的な利益移転に使用されていることに対する懸念及び特定のルーリングについて透明性が確保されていないとの指摘がされており、実質的な活動（Substantial activity）の有無を評価するための同意された方法が重要であるとされています。

これについて、パテントボックスのようなIP税制に関しては、「ネクサスアプローチ」が採用されました。この方法では、実質的な活動の証明として納税者が研究開発活動に従事して実際のコストを負担しているかを確認することになります。

ネクサスアプローチでは、IP優遇税制が適用される所得は知的財産に起因する全所得に「ネクサス比率」を乗じて算定されます。ネクサス比率は支出合計に占める適格支出の割合であり、適格支出とは、納税者自身が支出した研究開発費、非関連者に対する委託R&D費用です。支出合計には、適格支出以外に他の会社からのIP取得費用、関連者に対する委託R&D費用が含まれます。

ネクサスアプローチに適合しない既存の優遇税制は、2016年6月30日以降、

適用されるべきでないとされていますが、既に適用されているものに関しては、2021年6月30日まで5年間の移行措置が適用される予定です。2016年1月以降、関連者から直接又は間接的に取得したIPに関しては適用されません。

　　（注）　2017年タックスプランでは、優遇税制が適用される課税所得の計算に「ネクサスアプローチ」を適用する、とされています。

　最終報告書では、透明性の確保に関して、BEPSリスクを生じさせる可能性のあるルーリングに関する自発的情報交換を行う枠組みについても提言しています。なお、ルーリングに関する情報は全ての国に提供されるのではなく、関係のある相手国に限られます。これには将来発効されるルーリングだけでなく、2010年1月以降発効され、2014年1月1日時点で有効であったルーリングも含まれます。また、2016年4月1日以降発効されるルーリングについては3か月以内に情報交換されるとされています。自発的な情報交換の対象となるルーリングは、下記のとおりです。

①　優遇税制に関するルーリング

②　ユニラテラル（単一国による）事前確認制度（APA）

③　課税所得の減額をもたらすクロスボーダー取引に関するルーリング

④　恒久的施設に関するルーリング

⑤　関連会社との導管取引（関連者から得た利益を関連者に対する費用により圧縮するスキーム）等に関するルーリング

Q4 租税条約の濫用防止（行動6）

最終報告書では，租税条約の濫用防止に関して，特典資格条項の創設が勧告されたと聞きましたが，どのようなものですか。特典資格条項に関して，PPT及びLOBについて，またオランダの対応についても教えてください。

Answer

最終報告書には，租税条約の濫用を防止するためのOECDモデル租税条約の改正が含まれており，「条約漁り（Treaty Shopping)」に対する特典資格条項の創設が勧告されています。

最終報告書では，租税条約の濫用防止のためのミニマムスタンダードの導入が勧告されており，次の三つの方法が示されています。

① 特典の制限（LOB：Limitation on Benefit）及び主目的テスト（PPT：Priciple Purpose Test）の双方を規定する
② PPTのみ規定する
③ LOB及び導管取引防止規定による

各国は上記の中からいずれかの方法を選択することになるとしています。

(1) PPT

PPTとは，関連する全ての事実及び状況に鑑みて，租税条約の特典を直接的又は間接的にもたらしたアレンジメント又は取引の主たる目的の一つが条約の恩典であったと結論付けることが合理的である場合において，条約の特典の付与が租税条約の目標及び目的に合致していると証明されない場合には特典を付与すべきではないとする取扱いのことです。特定のアレンジメントが，中核的商業活動に密接に関連しており，その形態が条約の特典を主目的としていない場合，PPTに該当する可能性は低いといえます。

(2) LOB

LOBは，租税条約締結国の居住者が「適格者（Qualified person）」でない場合，租税条約の特典を制限するものです。適格者には下記のような者が含まれます。

- 個人
- 条約締結国自身，行政的下位部門及び完全所有会社
- 特定の上場会社及びその関連者
- 特定の慈善団体及び年金基金
- 特定の所有要件を満たすその他の会社
- 特定の集団投資ビークル

最終報告書に含まれているLOBルール及びコメンタリーはドラフトであり，最終版は，2016年に公表される予定です。最終報告書には簡易LOBルールが含まれており，上記①のPPTとLOBの組合せによる場合，簡易LOBが適用されます。LOBの適用条件に関するタイミングについては，上場会社基準の場合，税務年度を通して充足する必要があり，適格基準によりタイミングは異なります。

オランダは多くの租税条約にLOBを採用しているほか，発展途上国との条約では条約濫用防止条項に合意しています。また，実体に関する国内法上の要件が制定され，情報交換協定の締結を推奨しています。

Q5 税務上の恒久的施設（行動7）

BEPS行動7により，税務上の恒久的施設（PE）にはどのような影響がありますか。また，代理人PEに関して勧告が行われたと聞きましたが，どのようなものですか。

Answer

最終報告書では，次のような活動はPEに該当しませんが，「事業を行う一

定の場所における全体的活動が準備的又は補助的性格のものである場合に限る」とされています。
   a）企業に属する物品又は商品の保管，展示又は引渡しのために施設を使用すること
   b）企業に属する物品又は商品在庫を保管，展示又は引渡しのために保管すること
   c）企業に属する物品又は商品の在庫を他の企業による加工のために保管すること
   d）企業のために物品若しくは商品を購入し，又は情報を収集することを目的として，事業を行う一定の場所を有すること
   e）企業のためにその他の活動を行うことを目的として，事業を行う一定の場所を有すること
   f）上記活動を組み合わせて行うことを目的として，事業を行う一定の場所を保有すること

この勧告の主旨は，事業活動の細分化により，個々の活動が準備的，補助的活動であるとしてPE認定を回避することがないように，同一企業又は関連企業が同一国内の同一又は複数の場所で活動する場合，その全体としての活動が準備的，補助的活動には該当せず，また全体としての活動が密接な事業の一部を構成する相互補完的機能を有するような場合には，準備的，補助的活動の例外規定を適用しないというものです。オランダは，新しいPE概念を支持しています。

また，代理人PEについて，代理人が外国企業のために契約締結国において活動を行い反復的に契約を締結するか，当該企業が自己の名において重要な修正もなく日常的に契約を反復的に締結しているか，又は当該企業が所有権又は使用権を有する財貨の所有権又は使用権の移転が行われる場合，あるいは当該企業によるサービスの提供が行われる場合には，独立代理人を除き代理人PEとされます。これは，コミッショネア及び同様の戦略性を有するアレンジメントに適用されます。ある企業の代理人として活動する者が独立代理人かどうか

は，全ての関連する事実及び状況を考慮して決定する必要があります。

　事業者が専属的に，あるいは殆ど専属的に，議決権，株主価値ベースで50%を超えるような関連者のために行動する場合には，独立代理人に該当しないとされています。

> **column**　その他のBEPS最終報告書の内容
>
> 【電子経済に係る税務課題への対応（行動１）】
> 　電子経済におけるビジネスモデル及び特徴がBEPSリスクを引き起こす可能性についての分析や，電子経済が引き起こす広範な税務上の課題として，物理的拠点（PE）を必要としない新たな環境の中での現行PEの定義の適切性などに関しての議論，分析が行われました。しかし，問題点が提示されただけで勧告は行われていません。ただし，重要な経済的拠点の概念に基づく新たなPE課税，電子商取引における源泉徴収，国外事業者に対する平衡税の導入については，各国が独自に追加防止策として国内法に導入することができるとされています。
> 　また，間接税については，クロスボーダーB2B取引の課税方式としてリバースチャージ方式，クロスボーダーB2C取引における顧客居住国のVATの取扱いとして国外事業者が事業者登録を行った上で徴収する方式が勧告されています。
> 　オランダは付加価値税の方式に合意しており，行動計画をモニターする立場を表明しています。
>
> 【CFCルール（外国子会社合算税制）の強化（行動３）】
> 　最終報告書では，CFCルールの設計に関して，下記のような提言が行われています。この提言は，低税率の子会社所在地国に対する利益移転の防止を確実にすることを目的としています。
>
> | | |
> |---|---|
> | ①　CFC税制の対象となる子会社 | 法的支配テストと経済的支配テストの両方を適用（50%超持分） |
> | | 所有権の集計 |
> | ②　適用除外基準 | CFC税制の対象となる子会社 |
> | | 実効税率が親会社所在地国の税率と類似している場合は適用除外 |
> | | デミニマス基準（アンチフラグメンテーションルールとの組合せ） |

③ 所得の定義	カテゴリカル分析（配当，利子，ロイヤルティなど）	
	実質分析（実質的な経済活動の有無）	
	超過利潤分析（通常所得を超える所得）	
	エンティティアプローチ又はトランザクションアプローチ	
④ 合算所得の計算ルール	親会社所在地国の法令に基づき計算する	
	同一国の複数のCFCの利益と損失の相殺	
⑤ 親会社所得との合算方法	親会社の持分割合に応じて合算する	
	一定以下の持分割合の場合は合算しない	
⑥ 二重課税の防止，除去	二重課税軽減のために税額控除方式を適用する	
	CFCの対象とされた場合，当該CFCからの配当，キャピタルゲインの免税	

　各国には税務課題に関する優先順位があり，CFC税制の柔軟な制定を許容するものとなっています。

【無形資産に関連する移転価格問題（行動８）】

　最終報告書では，無形資産取引に関して下記のような分析，勧告がされています。
・　無形資産に関する広範かつ明確な定義と例示（特許，ノウハウ，企業秘密，商標，商号，ブランド，契約上の権利等）
・　無形資産に関する移転価格分析のための６ステップの枠組みの導入
・　法的所有権を有するだけでは，無形資産の活用から生じるリターンに対する権利は生じない
・　無形資産の開発，改良，維持，保護，使用に伴い創造した価値に基づくリターンを受け取る
・　評価困難な無形資産について，一定の場合，所得相応性基準の適用
・　費用分担契約（CCA）の取扱い

【リスク及び資本（行動９）】

　最終報告書では，リスク及び資本に関して次のように分析，勧告が行われています。
・　契約等のアレンジメントによりリスク及び利益の移転を行う場合，実行している活動と一致しないケースがあり，契約上のリスクの引受けと実際の行動との整合性の検証が必要である。
・　当事者の行動，リスク管理能力，機能を重視する。リスクコントロールを伴わないリスクの引受けは，問題となる可能性が高い。
・　豊富な資金を有する多国籍企業が提供した貸金に対するリターンが当該会社の機能と整合しない場合，当該リターンに関する個別の検討が必要である。

【その他のハイリスク取引(行動10)】
　最終報告書には，その他のハイリスク取引に関して下記のような事項が述べられています。
・　グループ内役務提供，低付加価値役務提供
・　利益分割法
・　取引の認識　・　コモディティ取引

　報告書では，取引利益分割法について実施すべきフォローアップワークについて勧告されており，価値創造と整合性のある移転価格結果をもたらす方法について，移転価格ガイドラインにおいて詳細に規定されるとされています。
　また，低付加価値であるグループ内役務提供は，中核事業の一部でなく，補助的な性質であり，特別の価値がある無形資産の使用を必要とせず，無形資産の創出につながらないものであり，重要なリスク負担にならないものです。このような低付加価値の役務提供に係る指針の導入は，高付加価値役務提供の取扱いにも影響を及ぼす可能性があり，より多くの国で指針が受け入れられるようにするため，2016年に実施導入及び要件に関するフォローアップが行われる予定です。

【データ収集と分析のための手段の確立（行動11）】
　BEPSの摘発に関する長年の研究成果は，異なるデータソース及び戦略的見積もりの使用により数多く存在しますが，BEPSの複雑さ，利用可能なデータに限界があり，BEPSに関する境界線を引くことは難しいとされています。
　また，最近の多くの研究が示しているとおり，グローバルベースでのBEPSによる税収入の損失は巨額であり，最終報告書では，利用可能なデータを評価して，BEPSの規模と経済活動へのインパクトを経済分析する上での制限はありますが，改善されたデータ，方法が必要であると提言されています。2014年度のBEPSによるグローバルベースの法人税の損失額は，100〜240（billion dollar）と報告されています。

【納税者の税務プランニングに関する開示義務（行動12）】
　アグレッシブな税務プランニングに対するタイムリーで包括的な情報が不足していることは，世界中の税務当局が直面する主要な課題の一つです。税務プランニングに関して義務的に開示させることで，各国が税務プランニングに関する情報により早くアクセスできるようになり，税務リスクに対する対応を取りやすくなります。
　最終報告書では，税務プランニングの開示について，すでに開示を要求している国（英国，米国，アイルランド，ポルトガル，カナダ，南アフリカ）の経験を基に勧告されており，税務プランニングに対する開示規定を導入しようとする国，アグレッシブで濫用的な税務プランニングについて早期に情報が取得できるように改正しようとする国に対して，モジュラー方式の枠組みに関する助言を提供しています。モジュラー方式とは，報告対象の範囲，報告義務者，報告時期，報告すべき情報，

報告しない場合の罰則などに関して選択肢を提示して、各国の実情に合った制度を組み立てる方法です。

このように最終報告書では、より良い情報を早期に入手したいという各国の要望と納税者のコンプライアンス負担とのバランスが取れるように、柔軟性を持たせた形での提言が行われています。また報告書では、国際税務プランニングをターゲットにした特別な提言を与えるだけでなく、各国税務当局間の情報交換、協力関係の開発と実践についての提言も行われています。

税務プランニングに関する一般報告基準として、守秘義務、成功報酬又はプレミアムフィーの請求など、個別報告基準として、リース取引、ブラックリストに含まれる取引、損失の利用を伴う取引、所得転換スキームに類似する取引、低税率国の会社との取引などがあり、いずれかの報告基準を満たす場合、開示が要求されることになります。

最終報告書では、報告義務者として二つの案が示されています。第一は、プロモーター（租税回避スキームの設計者）及び納税者であり、第二は、プロモーターに第一次開示義務を課し、一定の場合に納税者に開示を求めるものです。報告事項は、プロモーター、納税者に関する情報、租税回避スキームの詳細等になります。義務的開示に違反した場合、金銭的な罰則が提示されています。

【移転価格文書化の再検討（行動13）】

オランダでは、移転価格文書について、2016年1月1日開始事業年度から三層構造アプローチが適用されています。マスターファイル、ローカルファイルは、当局の要請に応じて提出することになります。詳細は第3章「3 移転価格税制」で説明していますので、ご参照ください。

【相互協議の効果的実施（行動14）】

紛争解決の改善は、BEPSに対する取組みにおいて必要不可欠な要素です。行動14の下で開発され報告書に収録された方策は、不確実性と予期せぬ二重課税リスクを最小化することを目的としています。これは、相互協議手続を通して効果的、タイムリーな紛争解決を含む一貫性のある適格な租税条約の締結により達成されます。

各国は、租税条約に関する紛争解決のミニマムスタンダードアプローチに同意し、早急に実行することをコミットしており、強固な相互監視システムの構築を通じて効果的に履行することに合意しています。さらに、多くの国々が義務的、拘束的仲裁規定を二国間租税条約に規定することに同意しており、租税条約に起因する紛争の早期解決を保証するメカニズムとなります。

相互協議手続（MAP）プロセスの実効性、効率性、適時性を向上させるための17の具体的な措置から成り、その目的は下記のとおりです。

① MAPに関連する条約上の義務が誠実かつ全面的に履行され、MAP事案が適時に解決されることを確実にすること

② 条約関連の紛争の防止，適時解決を促進する行政手続の実施を確実にすること
③ 第25条第1項の要件を満たす納税者が，MAPにアクセスできることを確実にすること

強制的，拘束的仲裁に関して，納税者は仲裁人の選定に関与せず，仲裁人は権限のある当局により指名されます。仲裁による決定は，納税者が拒絶しない限りにおいて，権限のある当局を拘束します。20か国が強制的，拘束的仲裁を締約していますが，各国は，OECDモデル租税条約第9条第2項を自国の租税条約に含めるべきであると勧告されています。

【多国間協定の開発(行動15)】

国際公法及び税務専門家の専門的知識を利用し，租税条約に関するBEPS対策を効果的に実行するための租税条約の改正を促進する多国間協定の開発について，技術的な実行可能性の探求が行われ，最終報告書では，多国間協定の仕組みは望ましいものであり，実行可能なものであるとして，多国間協定に関する交渉が至急開始されるべきであると勧告されています。

このような分析に基づき，特別のグループに権限が委譲されると共に，全ての国々が平等に参加して多国間協定を開発し，2016年末までに公表される予定です。現在，90か国が参加していますが，参加は任意であり，最終協定に至った場合でも調印は強制されません。したがって，多国間協定の成功は，交渉の結果及び調印参加国次第になるといえます。

2 EU指令

Q6 親子会社指令

親子会社指令に関して、適用条件、対象となる会社及び一般的濫用防止規定について教えてください。

Answer

　親子会社指令は、1990年7月に公表されました。共通市場の創設に障害となる税務上の問題点を排除し、自由な資本移動を達成することを目的とし、EU内子会社から親会社に対する配当源泉税を免除することが規定されました。

(1) **指令の適用条件**

　親子会社指令の適用条件として、親会社が関係会社の発行資本（又は議決権）の一定割合（当初25％から段階的に引下げ）を一定期間保有することが示され、EU加盟国の国内法において、発行資本（又は議決権）の保有割合及び最低保有期間に関して規定することが認められました。

(2) **指令の対象会社**

　親子会社指令は、EU加盟国の居住法人に適用されますので、租税条約において、税務上の居住地がEU外とされる場合には適用されません。また、親子会社は、当該所在地国の税法により法人税を申告納付する法人に適用されます。親子会社指令は、親会社に対する配当に対し適用されるものであり、キャピタルゲインは対象とされません。

(3) 一般的濫用防止規定

2013年11月，EU委員会から，親子会社指令が租税回避目的に利用されることを防止するため，一般的濫用防止規定（General Anti-Abuse Rule：GAAR）の導入が提案され，2015年1月，親子会社指令に一般的濫用防止規定（GAAR）を導入することを正式決定しました。加盟国は2015年12月までに国内法化することが求められ，2016年1月から適用されています。

GAARには，サブジェクティブテスト（main purposes）及びオブジェクティブテスト（lack of economic reality）が含まれています。配当支払い時に上記テストを満たさないときは，親子会社指令の恩典を受けられずに配当源泉税が課税される可能性があります。今回の改正は，EU進出企業のコーポレートストラクチャー，持株会社所在地国のオペレーションの活用，商工会議所への従業員登録，機能との関連性，リーガルストラクチャーを含む組織再編などの検討が必要になる可能性があることを示唆しています。

Q7 利子，ロイヤルティ指令

EU利子，ロイヤルティ指令について教えてください。

Answer

利子，ロイヤルティ指令は，2003年6月の欧州蔵相理事会において，EU内グループ会社間の利子，ロイヤルティの支払いに係る源泉税の廃止を目的として採択されました。2004年1月以降，各国税法において国内法化され，適用条件は当初，25％以上の株式保有及び最低2年間の継続保有とされました。ただし，租税条約が指令よりも納税者に有利な規定をしているときは，租税条約が優先適用されます。

(1) 利子，ロイヤルティの定義

対象となる利子，ロイヤルティは次のように定義されています。

> 利子は，債務支払請求権，証券，債券，社債を源泉とする所得である。抵当権の有無，債務者の利益参加権の有無は関係ない。支払遅延に課される罰金は該当しない。また，ロイヤルティは，文学，芸術，科学，映画制作フィルム，ソフトウェア，特許権，商標権，意匠権等の使用又は使用権に対する報酬である。

なお，下記に対して指令は適用されません。
- 利益の分配又は源泉地国の法律で資本の払戻しとされる支払い
- 債務者に対する利益参加請求権に対する支払い
- 債権者の利子請求権と債務者に対する利益参加請求権の交換による利益参加請求権に対する支払い
- 元本返済規定がない又は発行後50年以上経過後に支払義務が生じるような債務請求権に対する支払い（ハイブリッドローン）

利子，ロイヤルティの支払者と受取者との特別な関係により，支払額が独立企業間価格と認められない場合は，独立第三者と仮定した場合の支払額に対して適用されます。

(2) 関係会社の定義

次のいずれかに該当するときは，一方の会社は他方の会社の関係会社とされます。
① 一方の会社が，他方の会社の資本の25％以上を直接保有する場合
② 他方の会社が，一方の会社の資本の25％以上を直接保有する場合
③ 他の会社が，両社の資本を25％以上保有する場合

上記の持株関係は，EU内の居住法人間において存在する必要があります。EU加盟国は国内法規定において，資本基準又は議決権基準を採用することが認められています。

(3) 適用条件

源泉地国は，利子，ロイヤルティの支払い時に，適用条件に関する証明を支払者に求め，適用条件を満足していることを条件として，源泉税免除を承認します。源泉税免除の決定には，最長3か月程度を必要とし，決定は1年間有効とされます。

指令の適用を受けるには，下記事項に関する証明が必要です。
- 利子，ロイヤルティの受取法人又は支店の税務上の居住地又は税務上の固定的施設に関する所在地国税務当局による証明
- 利子，ロイヤルティの受取法人又は支店が当該取引を自己のために行うこと（beneficial ownership）
- 株式持株割合，議決権割合
- 株式保有期間

また，源泉地国から金銭消費貸借契約，ライセンス契約の法的妥当性に関する説明を求められる可能性もあります。

Q8　EU反租税回避指令

BEPS行動に続いてEU反租税回避（Anti-Tax Avoidance）指令が公表されたようですが，その内容及び適用時期について教えてください。

Answer

2016年6月に採択されたEU反租税回避指令（ATA指令）では，利子控除，出口課税，一般的濫用防止ルール，外国支配会社（CFC）ルール，ハイブリッド・ミスマッチに対するフレームワークの5項目が対象とされています。ATA指令は全てのEU加盟国の国内法において2018年12月31日までに法制化され，2019年1月1日から施行される予定です（ただし，出口課税及び利子控除を除く）。

1　内　　容

(1) 利子控除

多国籍企業の中には，高税率国にあるグループ会社に対し低税率国の金融会

社から貸付を行い，高税率国の課税所得を低税率国にシフトするケースがあります。ATA指令は，高税率国にあるグループ会社の課税年度における控除可能利子額に制限を設けることにより，租税回避を防止することを目的としています。また，加盟国に対してガイドラインを示す目的から，加盟国はより厳しいルールを設定する可能性があるとした上で，超過利子の控除について，納税者のEBITDAの30％を限度とするとしています。

ATA指令では，連結グループの一員である納税者について，グループ比率条項（Group ratio escape）についても規定しています。控除できなかった利子は繰越控除できるとされています。

なお，利子控除に関する規定は，金融機関には適用されません。

(2) 出口課税

納税者の中には，高税率国から低税率国に税務上の居住地を移転したり，法的所有権を留保したまま資産を移転するケースがあります。これは税源浸食及び利益移転をもたらす可能性がありますので，移転時に出口課税を課すとしています。オランダではすでに出口課税ルールが適用されています。

出口課税は資産等の公正市場価値と帳簿価額との差額について課税されるもので，資産の取得者は，資産の公正市場価値を取得価額とします。出口課税はEUの基本をなす自由，欧州司法裁判所の判例とも整合するものであると述べており，また，加盟国には出口課税の支払いを5年以上の分割支払いとすることが認められています。

ただし，当該資産が第三者に譲渡されたときは，一括支払いが求められます。出口課税が適用されるのは，下記のケースです。

- 資産を加盟国の本店から他の加盟国又は第三国の恒久的施設（支店）に移転する
- 資産を加盟国の支店から他の加盟国又は第三国の本店に移転する
- 会社の税務上の居住地を他の加盟国又は第三国に移転する（加盟国の支店に関連する資産を除く）
- 恒久的施設を加盟国外に移転する

(3) 一般的濫用防止規定

　税務プランニングは非常に精巧で，各国の法規制が追いつかない状況にあり，特定の濫用防止規定では対応できないケースもあります。ATA指令は，一般的濫用防止規定の導入により，各国税務当局の取締りが容易になるとしています。オランダではすでに一般的濫用防止規定が導入されています。

(4) 外国支配会社（CFC）

　法人税の低税率国に支配会社を設置し，高税率国から利益を移転して実効税率を低下させるケースがみられます。この場合の利益は，移転可能なパッシブ利益であり，無形資産を移転して高税率国からロイヤルティを支払う場合が典型です。指令は，このような所得に対し外国支配会社における課税を規定しています。CFCとは次のような会社です。

- 親会社が間接所有も含め外国子会社の議決権等の50％超を保有している
- 外国子会社が親会社所在地国の法人税率の50％未満の低税率国にある
- 子会社の所得の3分の1超が，親会社又は25％以上の資本関係のある関係会社との配当，利子，ロイヤルティ，リースなどのパッシブ所得である

　課税所得の計算は，親会社所在地国の法人税法により，独立企業原則を適用して計算されます。子会社の所得がマイナスの場合，将来の利益と相殺する時点まで繰り延べられます。

　なお，サブスタンス条項を満たす場合や低税率に該当しない場合は，適用除外とされます。

　オランダにおいては，2017年後半に提出される見込みの改正法案に規定されることになるようです。

(5) ハイブリッド・ミスマッチ

　ハイブリッド・ミスマッチは，金融商品又は事業体に対して二つの加盟国が異なる法的分類をすることにより，結果として二重控除になる場合に生じます。いずれの場合においても，支払いに関する法的分類及び税務上の取扱いは，支払国と受取国において，同様に取り扱われる必要があります。

　なお，ハイブリッド・ミスマッチに関する取扱いはEU内取引に限定されま

すが，利子についてはEU外取引についても適用されます。

2 適用時期

ATA指令は2018年12月31日までに加盟国の国内法に規定され，2019年1月1日から適用されることとなります。ただし，出口課税及び利子控除については個別の取扱いとなります。

出口課税は2019年12月31日までに国内法化され，2020年1月1日からの適用となります。利子控除についてはBEPS行動4に関する同意がなされた時点での適用を認めていますが，遅くとも2024年1月1日までに適用することとされています。

Q9 EU国別報告開示指令案

2016年4月にEUの国別報告開示指令案が公表されたようですが，これはどのようなものですか。

Answer

EUのいわゆる「会計指令」に係る改正案が欧州委員会により欧州議会及び理事会に提案され，その内容が公表されました。この指令により，OECDの国別報告書の要件と類似した「法人所得に関する情報」の新たな報告，開示義務が導入されることになります。この規則は，EU会社だけでなく，EUに進出している日系企業の子会社及び支店にも適用されます。

連結純売上高が750百万ユーロを超える多国籍企業で小規模以外の会社に該当する場合，EU加盟国における事業について法人所得税に関する情報を国別に報告開示することになります。また国別報告書には，タックスガバナンスの基準に関してEUが定める一定の水準を満たしていないとみなされる一定の租税管轄国（地域）のリスト（いわゆるタックスヘイブン国が該当する）に掲載さ

れている国に係る情報についても，国別に報告開示することになります。このタックスヘイブンリストを除く非EU諸国に係る情報は，一括集計された「その他」という一つの報告単位として開示されます。

　改正指令案において，小規模会社と呼ばれる従業員50名未満等の会社（各国の会社区分基準による）については，報告開示は免除されます。開示対象となる会社は，自社のウェブサイト上で5年間継続して開示する必要があります。さらに，当該開示情報が改正指令の基準に準拠して報告及び開示されているかを確認するため，法定監査人による監査を受ける必要があります。

　開示項目として，以下のものがあります。

- 連結財務諸表に含まれている全ての関連会社の事業を含む究極的な親会社の事業活動
- 事業内容の性質に関する簡潔な記載
- 従業員数
- 純売上高（関連者間の売上高を含む）
- 税引前利益又は税引前損失
- 当期の税金費用（繰延税金又は未確定の納税引当を除く）
- 納税額
- 留保利益

　改正指令が採択され，発効後1年以内に全てのEU加盟国において国内法の整備がなされた後に開示が義務付けられます。最初の情報開示は，指令採択後，最低2年以後に開始する事業年度からの適用となる見込みです。

Q10 EU共通連結法人課税標準（CCCTB）

EUにおける共通連結課税が提唱されているようですが、これはどのようなものですか。

Answer

2011年3月、欧州委員会は、EUにおける共通連結法人課税の創設を目的とするCCCTB（Common Consolidated Corporate Tax Base）指令案を公表しました。課税標準を決定するための実質的な規定が行われ、連結課税標準の配分メカニズムについても言及されましたが、EU加盟国間で一致した支持が得られませんでした。

2015年6月、欧州委員会はCCCTBに関する行動計画を公表しました。

CCCTBは、EU全体の課税問題に対する解決策といえます。また、EUで事業活動を行う会社にとっても、非常に大きな便益がもたらされると考えられています。さらに、クロスボーダーの租税回避についても有効な税システムであるとされています。

CCCTBは課税におけるEUの最終目標ですが、2016年11月に活性化の提案がされる予定であるといわれています。提案は二つのプロセスから成り、最初に各国の課税標準の調和化、次に参加国への課税利益の配分が規定される予定です。

Q11 EU合併指令

EU合併指令について教えてください。

Answer

EU合併指令は,オランダ法人税の合併規定の基礎になるものです。EU合併指令の公表により,下記四つのケースにおいて,キャピタルゲイン課税の繰延べが認められています。

(1) **合併**(Legal merger)

1社又は複数会社の全ての資産及び負債が存続会社に移転され,被合併会社は清算手続によらず解散し,存続会社は対価として新株式を被合併会社の株主に発行します。当該株式の額面金額の10%を超えない追加的金銭授受は認められます。

(2) **会社分割**(Legal de-merger)

会社を法的に分割する場合,全ての資産及び負債は他の新設又は既存会社に移転され,当該会社は清算手続によらず消滅し,消滅会社の株主は存続会社の発行する株式を取得します。当該新株式の額面金額の10%を超えない金銭授受は認められます。資産及び負債を取得する会社が2社以上になる点で合併と異なります。

合併及び会社分割の場合,対価として新株式以外にも既発行自己株式によることも認められます。なお,既存会社が事業を他の会社に移転し対価として発行された株式を保有する場合,既存会社は株主として存続するため,本指令の会社分割には含まれません。

(3) **資産移転**(Transfer of assets:Asset merger, Contribution of assets)

資産移転は,既存会社が,特定の事業を他の新設又は既存会社の株式と引換えに移転する場合をいいます。特定の事業とは,会社の一事業部門における全ての資産及び負債であり,独立的に機能する事業単位です。独立的に機能する

事業単位に，持株機能のような経済活動に該当しない機能が含まれるかは明確でありません。資産移転の結果，譲渡会社は譲受会社の株主となりますが，追加的な金銭の授受は認められません。

(4)　**株式交換**（Share merger）

会社Ａが会社Ｂの議決権の過半数を取得することを目的として，Ｂ社既存株主との間でＡ社株式とＢ社株式を交換することを，株式交換といいます。この結果，Ｂ社はＡ社の子会社となりますが，これは株式の公開買付にも適用されます。新規発行株式の額面の10％を超えない金銭授受が認められます。

上記の合併，法的分割，資産移転における「資産及び負債の移転」は，地理的，場所的移転ではなく所有権の移転を意味し，資産及び負債は現在の所在地国に留まる必要があります。これは，所在地国に課税権を存続するためです。

合併指令は，オランダの有限会社（BV），株式会社（NV）に適用されます。譲渡会社（他のEU参加国会社）は譲渡した資産と引換えに取得した譲受会社（BV）の株式を一定期間保有する必要があり，保有期間は各国で異なります。株主変更に伴い損失が打ち切られる国もありますので，留意が必要です。

3 EUVAT

Q12 遠隔地販売

EUVAT制度における遠隔地販売の取扱いについて教えてください。

Answer

遠隔地販売とは，あるEU加盟国の課税事業者が他の加盟国の非課税事業者（個人）に対して物品を販売するケースです。メールオーダー，カタログ販売，インターネット販売などがこれに該当します。

非課税事業者の場合VATは控除できませんので，税率の低い国の課税事業者から購入するようになり，共通市場創設の主旨に反するとして問題とされました。したがって，顧客所在地国において課税事業者が一定以上の供給（ミニマムサプライ）を行う場合，当該国においてVAT登録を行い，当該国のVATをチャージする仕組みが導入されました。

Q13 イントラコミュニティ取引

EU VAT制度におけるイントラコミュニティ供給，取得に関する取扱いについて教えてください。

Answer

課税事業者間のクロスボーダー物品供給に関するVATは，仕向地主義が適用されます。したがって，供給側のVATがチャージされるのではなく，取得側のVATが課されます。イントラコミュニティ供給（以下，イントラ供給という）の場合，事業者からのインボイスにはVATゼロと記載され，物品を取得した事業者が当該国のVAT税率に基づき申告します。

このように，VAT申告義務が供給者から取得者に転嫁される仕組みはリバースチャージと呼ばれます。クロスボーダー取引によって物品を取得した事業者は，供給（アウトプットVAT）と同時に取得（インプットVAT）計上しますので，VAT支払額は生じないことになります。

Q14 三者間取引

EU VAT制度における三者間取引（ABC取引）について教えてください。

Answer

三者間取引はABC取引（又はチェーン取引）とも呼ばれるもので，三者の課税事業者が異なる加盟国においてVAT登録している場合，特別の簡易取扱いが認められます。

例えば，ドイツの製造会社Aがオランダの販売会社Bに製品を販売するもの

の，物流はイタリアにいるBの顧客Cに直送されるようなケースにおいて，AからB，BからCへのインボイスに記載されるVATはゼロとされ，最終的にはCがVATを自己評価することになります。通常のイントラ供給であれば，オランダ会社Bはドイツ又はイタリアでVAT登録が必要となりますが，ABC取引の場合VAT登録が省略できます。

ただし，BはAに対してABC取引を適用する旨を通知し，Cに対するインボイスにその旨記載します。また，加盟国の中にはBに対して税務当局に通知を求める国もあります。欧州司法裁判所の判例によれば，ABC取引の場合，運送手配はAとBの間で行われる必要があるとされています。

加盟国の中にはABC取引に関与する会社数が3社以上になる場合には適用を認めない国もあり，留意が必要です。

Q15 支店取引

EUVAT制度における支店取引の取扱いについて教えてください。

Answer

同一会社の異なる部門間の物品の移動には通常，VATは課税されません。

例えば，ある国の工場で生産した製品を同国内の倉庫に移動しただけでは，VATの課税対象取引には該当しません。しかし，他国にある販売支店に製品をクロスボーダーで移動する場合，イントラ供給と取得が生じたものとみなされます。この場合，支店から国内顧客に対するインボイスには同国のVATが課税されます。一方，本店から支店所在地国の顧客に直送販売され，本店がインボイスを発行する場合は，イントラコミュニティ取引とされます。

Q16 サービスに対するVAT

EU VAT制度におけるサービスの取扱いについて教えてください。

Answer

2009年までは、サービスの提供地はサプライヤーの所在地国とされていましたが、2010年1月以降、B2Bサービスの場合は顧客所在地国で課税されることに変更されました。

一方、B2Cサービスの提供地はサプライヤーの所在地国とされています。ただし、一部のサービスにはこの基本原則が適用されないサービスもありますので注意が必要です。

2010年以降、EU課税事業者により提供されるサービスの課税ルールは、下記のとおりです。

- 顧客とサプライヤーの所在地が同じ加盟国である場合、サプライヤーは当該国のVATをチャージする
- 顧客が他の参加国の非課税事業者である場合、サプライヤーは自国のVATをチャージする
- 顧客が他のEU加盟国の課税事業者である場合、顧客はリバースチャージを適用して、自国の税率に基づきVATを自己評価する
- EU外の顧客の場合、サプライヤーはVATをチャージしない

EU外法人がサービスサプライヤーである場合、VATの取扱いは下記のとおりです。

- 顧客が非課税事業者である場合、電子サービス又はユーズアンドエンジョイメントルールが適用される場合を除き、VATをチャージしない
- 顧客がEU課税事業者である場合、サプライヤーはVATをチャージしないが、顧客はリバースチャージを適用して、自国の税率に基づきVAT

を自己評価する
- EU外の顧客の場合，サプライヤーはVATをチャージしない

EU外サプライヤーがEU加盟国の非課税事業者に電子サービスを提供する場合又はユーズアンドエンジョイメントルールが適用されるとき，サプライヤーは，各国においてVAT登録するか又は簡便法を適用するかの選択を行います。簡便法の場合はEU加盟国のいずれかに登録を行い，全ての加盟国におけるVATに係る管理を行います。この場合，顧客に対するインボイスにおいて所在地国のVATをチャージします。

2015年1月，EU内のB2Cの電子サービスに関して新たな取扱いが導入され，当該サービスに対するVATは顧客の所在地国で課税されることになりました。したがって，電子サービスを提供するEU課税事業者は他の加盟国の非課税事業者に対し当該国のVATをチャージします。EUはこれに対しMini One Stop Shop（MOSS）の適用を認めており，上記EU外のサプライヤーと同じように，自国から全ての加盟国の非課税事業者に対するサービスに対するVATを申告できる仕組みが提供されています。

Q17 VAT報告制度

EUVATに関する報告制度について教えてください。

Answer

EUVATについて，イントラコミュニティ取引に関する報告が求められています。イントラスタット報告は1993年に導入されましたが，一定額を超えるイントラ取引について，出荷額，着荷額の報告を行うことになります。

EUセールスリストは，課税事業者がイントラ供給を行った場合，税務当局に対して四半期ベースで提出する書類です。提出しない場合，罰則規定の適用を受けます。

Q18 インボイス指令

EU VATインボイス指令について教えてください。

Answer

2010年6月、VATインボイスに関するEU指令が採択され、2013年以降、加盟国において適用されています。この指令は、インボイスに関する加盟国独自の規制をなくし、ペーパー又は電子インボイスに関係なくインボイスに係る取扱いを単純化し、統一することを目的としています。

Q19 VAT申告書

EUから提案されているVAT申告書について教えてください。

Answer

2013年10月、欧州委員会から標準VAT申告書に関する提案が出されました。これは、VAT申告に要する納税者の負担を軽減することを目的としており、加盟国に関係なく、統一様式の標準的VAT申告書により共通の情報を税務当局に提出することを目的としています。

今後、各国との調整を経てEU議会の承認を得た上で、2017年以降指令を発効する予定です。その時点で、各国のVAT申告書は標準VAT申告書に置き換わることになります。

Q20 VAT行動計画

2016年4月7日に欧州委員会が採択したVATの行動計画について教えてください。

Answer

VAT行動計画では，EUが下記の目標を達成するために早急に取り組むべき課題を示しています。

- VAT不正に対処し，徴収不足を解消する（徴収不足額は約1,700億ユーロ，税収の15.2％の損失と推定されている）
- VAT制度をデジタル経済と中小企業のニーズに合致させる
- 単一の欧州VAT制度の確立に向けた明確な「方向性」を提供し，クロスボーダー取引について確実性の高い「仕向地原則」を導入する（2017年には，委員会からクロスボーダー取引に関する仕向地課税の原則に基づく最終的なVAT制度の法案を公表する予定）
- VAT税率の枠組みを整備し，加盟国が柔軟に税率設定できるように選択肢を設定する

column　EU加盟国の税率

EU各国の法人税率及びVAT税率は，次のようになっています。

	国　名	法人税率（%）	VAT税率（%）
1	オーストリア	25	19／12／10
2	ベルギー	33	21／6
3	ブルガリア	10	20／9
4	クロアチア	20	25／13／5
5	キプロス	12.5	19／9／5
6	チェコ	19	21／15／10
7	デンマーク	23.5	25
8	エストニア	20	20／9
9	フィンランド	20	24／14／10
10	フランス	33.3	20／10／5.5／2.1
11	ドイツ	29.825	19／7
12	ギリシャ	26	23／13／6.5
13	ハンガリー	19	27／18／5
14	アイルランド	12.5	23／13.5／9
15	イタリア	27.5	22／10／4
16	リトアニア	15	21／9／5
17	ラトビア	15	21／12
18	ルクセンブルク	21	17／14／8／3
19	マルタ	35	18／7／5
20	オランダ	25	21／6
21	ポーランド	19	23／8／5
22	ポルトガル	21	23／13／6
23	ルーマニア	16	24／9／5
24	スロバキア	22	20／10
25	スロベニア	17	22／9.5
26	スペイン	25	21／10／4
27	スウェーデン	22	25／12／6
28	イギリス	20	20／5

（注）1　VATは，標準／軽減税率を記載しています。
　　　2　ドイツ法人税率は，営業税の平均税率を使用しています。
　　　3　2015年時点の税率です。

第9章

欧州組織再編に関するQ&A

● Point ●

　第9章では，欧州組織再編に関する質問を取り上げています。

　欧州で活動する日系企業の課題として，業務効率の改善とコスト削減があります。これを達成するには，組織，ビジネスモデルを再構築する必要があります。そのためのツールとして，本支店会社への法的再編，プリンシパルモデルによる機能再編を紹介しています。

　本支店会社は親子会社と対比されますが，各国はオランダ本店の支店となりますので，企業統治が強化されます。プリンシパルモデルは，中央集権型のモデルですので，企業統治の強化に加えて欧州事業統括機能を確立することを目的としています。

　プリンシパルモデルを実現するには，組織再編を実行するための人材と共通プラットフォームとして，ITが重要です。また，組織再編に関連して，各国における税務問題についても検討する必要があります。

1 法的再編による本支店会社への移行

Q1 本支店会社と親子会社

欧州における本支店会社と親子会社を比較した場合の相違点，類似点について教えてください。

Answer

親子会社では各社が異なる法人格を有するのに対し，本支店の法人格は同一です。支店では，子会社と異なり，株主総会及び取締役会の開催，法定決算書の作成提出，法定監査が必要とされません。このように，本支店と親子会社は法的ストラクチャーが全く異なります。

これに伴い，両者は経営，ガバナンスの点でも大きく相違します。親子会社の場合，取締役の派遣，株主総会による子会社の管理が行われるのに対し，本支店会社の場合，同一法人であることから指示命令等を直接的に行うことが可能となります。

一方，税務の観点からは，各国拠点における機能・リスク等に差異がなければ大きな差はありません。オランダでは一定の条件を満たす株式について資本参加免税が適用されますが，国外支店の所得は本店の課税所得計算において免除されますので，両者ともに二重課税の問題は生じないことになります。

【欧州本支店の事例】

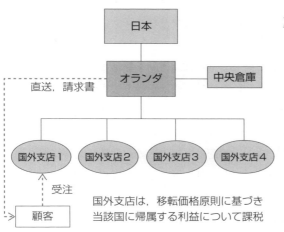

Q2 支店の利益計上

支店の利益計上方法について説明してください。

Answer

支店の利益計上方法には，次の三つがあります。

① 支店で売上及び仕入を計上する方法（売上／仕入法）
② 本店からのコミッションを計上する方法（コミッション法）
③ 支店の総費用に一定のマークアップ率を乗じた金額を売上として計上する方法（コストプラス法）

売上／仕入法の場合，支店から製品を顧客に販売した時点でインボイスを発行して売上を計上します。コミッション法の場合，在庫管理，請求書発行，売掛金管理等を全て本店が行い，支店は顧客からの注文を受け，本店に出荷指示

し，売上にコミッション率を乗じた金額を受け取ります。コストプラス法は，支店のコストに一定率を乗じた金額を本店から受け取ります。いずれの方法においても，支店に振り当てる利益は支店の機能及びリスクに応じた適正なものである必要があります。

また，支店がオランダ本店に対して営業補助活動を提供する場合があります。例えば，オランダ本店は顧客と契約を締結し売上を計上しますが，支店が顧客に製品紹介を行い受注獲得に貢献するなど，本店のために営業補助活動を行うようなケースです。この場合，支店のコストに一定のマークアップした額を本店に請求することが多いのですが，問題は支店の活動が営業補助の範囲を超えていないかという点です。支店が営業活動を行っている場合，コミッション法又は売上／仕入法による販売利益を計上します。

営業活動と営業補助活動の違いには，価格決定権，値引交渉権の有無，契約書の署名権限の有無などがあります。

Q3 本支店会社のメリット，デメリット

本支店会社のメリット，デメリットについて教えてください。また，本支店に変更することを検討していますが，どのような点に留意する必要がありますか。

Answer

本支店会社のメリット，デメリットには，次のようなものが挙げられます。

メリット	デメリット
・ 本支店間で一元的情報共有,迅速な意思決定が行える ・ 欧州ワンカンパニーとして,ブランド,認識度が向上 ・ 管理機能の本店集約等が容易に行える ・ 子会社の法定監査は不要となる ・ コーポレートガバナンス(企業統治)の強化 ・ 欧州内の資金移動が容易に行える ・ 子会社の資本金は不要	・ 従業員の士気に影響する可能性がある ・ 支店のVAT再登録が必要 ・ 支店化手続に要する時間,費用負担が大きい ・ 再編費用に対する税務当局からのチャレンジ

本支店に変更する際は,以下の点について留意する必要があります。

- 支店化に伴う税務リスク
- 本支店間での利益配分
- 業務効率化とコスト削減
- 年金,労働法,労使協議会の対応
- 顧客に与える影響
- 汎欧州ITシステム構築

Q4 本支店会社への移行方法

本支店会社に変更する場合の方法について教えてください。

Answer

子会社を支店にする場合,子会社の事業を親会社(の支店)に譲渡して子会社を清算する方法,あるいは親子会社がクロスボーダー合併して資産及び負債を支店に引き継がせる方法などがあります。前者の方法は,オランダ会社と英国子会社の合併に対してよく採用される方法です。

EUクロスボーダー合併指令は2005年に公表され,加盟国の会社法に規定さ

れました。したがって，オランダ会社と他のEU加盟国の会社はクロスボーダー合併することが可能です。

また，フランス子会社とオランダ会社との合併には「清算なき解散」と呼ばれるフランス独特の法的手続を適用することができます。これは，フランス子会社を清算することなく他のEU親会社のフランス支店に資産負債を引き継ぎ，当該フランス会社は解散するという法的手続です。この場合，税務上簿価による資産負債の引継ぎに関して，フランス税務当局に事前確認（ルーリング）することが行われます。

Q5　営業譲渡及び会社清算による支店化

当社は，英国子会社に関して本支店会社への変更を予定していますが，その手段として，英国子会社の営業をオランダ会社の英国支店に譲渡して会社を清算する方法を検討しています。これについて教えてください。

Answer

英国ではグループ会社間で営業譲渡を簿価ベースで行うことが可能であることから，この方法が採用されるケースが多いようです。

英国子会社がオランダ会社（の英国支店）に営業譲渡する場合，両社間で営業譲渡契約を締結します。営業譲渡により，英国会社の事業（資産，負債等）はオランダ会社（の英国支店）に簿価で引き継がれます。実務的には，オランダ会社の英国支店設立と同時並行して行われます。営業譲渡後，適当な時期に英国会社を清算します。英国以外では，同様のケースにおいて営業譲渡は原則として時価譲渡であり，キャピタルゲインに課税されますので，クロスボーダー合併が選択されることになります。

繰越欠損金は，英国では支店に引き継がれます。営業譲渡ですので，一定の

条件を満たせばVATは免除されます。

Q6 クロスボーダー合併による支店化

オランダ会社とドイツ子会社とのクロスボーダー合併を検討しています。クロスボーダー合併の内容及び税務上の留意点について教えてください。

Answer

クロスボーダー合併の形態として親子合併と姉妹合併がありますが，日本の税務との関連で親子合併が採用される場合が多いようです。

クロスボーダー合併の税務上の留意事項は，下記のとおりです。

- 日本の合併とクロスボーダー合併の類似性
- 簿価合併の適用条件
- 日本のタックスヘイブンリスク
- 英国印紙税（stamp duty）
- VATリスク
- 合併遡及適用，合併提案書

クロスボーダー合併を簿価で行うときに生じる非課税所得はタックスヘイブン税制の租税負担割合の計算において分母に含められますので，実効税率が20％未満になる可能性があります。20％未満の場合，適用除外基準について検討することになります。

2 プリンシパルモデルによる機能再編

Q7 プリンシパルモデルによる機能再編

当社は、プリンシパルモデルによる機能再編を検討しています。この場合の機能再編について教えてください。

Answer

　機能再編は、支店化のような法的ストラクチャーの再編ではなく、各国子会社から中央集権的統括会社であるプリンシパル会社に対して、販売、製造に関する意思決定機能及び集約可能な管理機能などを移転するような機能移転に関する組織再編です。販売、製造に係る意思決定機能はプリンシパルに移転され、各国販社、製造会社はルーティン活動に専念することになります。

　日本の会社は欧州進出当初、各国販社を通じて各国市場における最適化を追及しましたが、欧州市場の統合が進み、各国規制が撤廃されていく中で欧州物流センターに在庫を集約するようになり、加えて、財務、本社、調達、マーケティング、アフターセールス、販売、製造、R&Dの各機能を段階的にプリンシパルに集約する動きがみられます。プリンシパルは欧州事業における戦略、計画、調整を担当し、実際の活動は限定されたリスク及び機能を担う製造会社、販売会社が実行します。バックオフィス機能は、プリンシパル又はシェアードサービス会社に集約されるケースが多いようです。

Q8 機能再編の方法

欧州における機能再編には，バックオフィス機能，販売機能，IP，R&D機能の再編があると聞きましたが，どのように進めればよいか教えてください。

Answer

　バックオフィス機能の再編は，会計，法務，IT，財務，人事などのサポート業務に関するもので，これらの機能を統括会社又はシェアードサービス会社に集約することになります。

　販売機能のコア機能を中央集権的統括会社（プリンシパル）に集約する場合，プリンシパルは各国会社の需要予測に基づき製造会社に対する発注量を決め，在庫を保有します。販売機能，マーケティング機能がプリンシパルに集約されると販売機能等の重要な戦略的意思決定がプリンシパルにより行われるようになり，各国販社は，プリンシパルで決定された方針，事項に基づき販売活動等に専念することになります。

　IP及びR&D機能の統括会社への移転については，BEPSの動向をみながら，リスク，機能，資金，費用負担，税制などを考慮してロケーションを選定することになります。

Q9 プリンシパルモデル

プリンシパルモデルの目的及び効果,役割及び機能について教えてください。

Answer

プリンシパルモデルの目的及び効果,役割及び機能は,次のとおりです。

目的・効果	役割・機能
・ 需要予測の精度向上 ・ 製造・販売会社の効果的マネジメント ・ 物流ネットワークの構築 ・ 戦略的ロジスティック ・ 在庫管理の向上 ・ 重要顧客の汎欧州における対応 ・ 原材料等の戦略的調達 ・ 重複機能削減によるコスト削減 ・ バックオフィス機能のシェアードサービス,アウトソース化 ・ 資金管理の効率化 ・ IT統合推進 ・ 優秀な人材確保	・ 日本と欧州間の戦略調整 ・ 欧州地域の情報収集 ・ 経営資源の最適配分 ・ 戦略的経営 ・ 現地化促進,優秀な人材確保 ・ 子会社の支援,管理 ・ 汎欧州重要顧客対応 ・ 欧州マーケティング ・ 連結業績評価

Q10 プリンシパルモデルの阻害要因，成功要因

当社は，プリンシパルモデルに変更することを検討しています。移行における阻害要因，成功要因と，留意すべき点について教えてください。

Answer

プリンシパルモデルに移行する際の阻害要因は，下記のとおりです。

- 事業部制が強く，欧州統括が機能しない
- シナジー効果が期待できない
- 人員削減，勤務地変更による反発
- コストセンター化によるP／Lインパクト，KPI（Key Performance Indicator）に対するマイナス影響
- ERP（Enterprise Resource Planning）に与える影響

プリンシパルモデルを成功させるには，欧州内グループ会社のITを統合し，タイムリーに正確な情報を作成できるERPシステムを構築する必要があります。ITインフラの最適化（プラットフォームの統一化，情報の共通化，共有化），外部委託先の見直し，合理化，高度化，内部統制の標準化などを検討する必要があります。

ERPシステムの再構築では，以下の点を考慮することになります。

- 統括会社の在庫として欧州の複数拠点で保有
- 法的請求書と実際の製品出荷のタイミングのズレ
- クロスボーダーの在庫移動
- 各国法定勘定科目の対応

Q11 プリンシパルモデルにおける販社機能

プリンシパルモデルにおいて，各国販社の販売機能はどのようになりますか。

Answer

　販売プロセスは，顧客関係構築，製品紹介，価格交渉，契約締結，出荷，請求書，代金回収等から成ります。プリンシパルは，販売戦略，マーケティング戦略，重要顧客対応，価格政策，契約書承認など，販売プロセスにおけるコア機能を担います。一方，受注獲得，債権の回収など，ルーティン作業は各国販社が担当します。販売プロセスのコア機能をプリンシパルに移転することにより欧州全体の業務効率が向上し業績改善に繋がりますが，逆に，各国販社の意欲低下に対する懸念も生じます。

　経営資源には限りがあり，市場競争の激化が予想される中で，経済危機のような「変化」に素早く対応できるビジネスモデルと組織を構築する必要がありますが，これに合致するのがプリンシパルモデルといえます。

　（注）　日系企業の場合，欧州統括はコストセンター，各販社はプロフィットセンターになっているケースが多いようですが，プリンシパルモデルではプリンシパルがプロフィットセンターとなり，各販社はレベニューセンター又はコストセンターとなります。

Q12 プリンシパルモデルにおける販売会社

プリンシパルモデルにおける販売会社のビジネスモデルとして，リミテッドリスク・ディストリビューター，コミッショネア，エージェントについて教えてください。

Answer

プリンシパルモデルにおける販売会社のビジネスモデルとしては，リミテッドリスク・ディストリビューター，コミッショネア，エージェントの三つがあります。

(1) リミテッドリスク・ディストリビューター

リミテッドリスク・ディストリビューター（以下，LRD）は自己の名前で顧客と売買契約を締結し顧客からの注文に応じますが，価格決定権限はありません。プリンシパルが作成したプライスリストに基づき顧客と交渉します。

LRDは顧客に製品を販売する都度，売上及び仕入を同時に計上し，在庫を保有しません。プリンシパルとLRDとの間で（リスク限定）販売契約が締結され，プリンシパルが信用リスク，市場リスク，為替リスクを負います。

LRDの機能，リスクに応じた営業利益率をベンチマーク調査して営業利益に営業費用（予算）を加算し，売上総利益を逆算して，統括会社とLRDの移転価格が決められます。統括会社はLRDに対して一定の営業利益を保証しますので，期中又は期末時点で移転価格の調整が行われます。

LRDの場合，損益計算書に売上及び売上原価が計上されますので，販社のP／L，ITシステムに及ぼす影響が小さいことから，変更に関して販社からの抵抗が少ないという長所があります。一方LRDは，プロフィットセンターからレベニューセンターに移行しているにも関わらず，内部売上及び仕入を計上して債権債務を管理せざるをえないことで事務負担が残ることになってしまう点が短所です。

【LRDとエージェント】

▶ リミテッドリスク・ディストリビューター（LRD）
- ▸ 在庫の所有権なし
- ▸ 各国販社から請求書
- ▸ 限定的リスク
- ▸ 貸借対照表に在庫は計上されない
- ▸ 損益計算書には売上，売上原価を計上

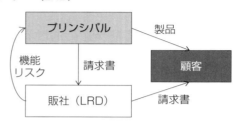

▶ エージェント
- ▸ 在庫，顧客リストの所有権なし
- ▸ オランダ統括会社から請求書
- ▸ 売掛金／在庫／市場リスクは負わない
- ▸ 損益計算書には手数料が計上
- ▸ PEリスクに留意

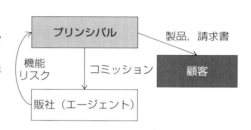

(2) コミッショネア

　コミッショネア（以下，CMR）は，プリンシパルのために自己の名前で顧客と売買契約を締結します。CMRは，LRDと同様に，在庫リスク，価格リスク，信用リスク，市場リスクなどを負担しません。プリンシパルとCMRの間で締結される契約では，CMRと顧客との売買契約の取引の法的効果は全てプリンシパルに帰属するとされます。したがって，プリンシパルの所有する製品の法的所有権は直接顧客に移転すると解され，プリンシパルは顧客に対して直接，売上，売掛金を計上します。顧客宛の請求書はCMRの名前で発行されますので，顧客にはCMRがプリンシパルの代理人であることは分かりません。

　このように，CMRはプリンシパルの代理人として活動しますが，顧客には識別できないという意味において，「アンディスクローズド・エージェント」と呼ばれています。プリンシパルは顧客所在地国においてVAT番号を取得し，VAT目的の請求書をCMRに発行します。CMRはプリンシパルから請求書を受

け取り，顧客に請求書を発行します。顧客は，CMRの銀行口座に代金を支払います。プリンシパルからの請求額と顧客に対する請求額の差額が，コミッションに該当します。請求書フローを見ると，プリンシパルからCMR，CMRから顧客に売上計上するように見えますが，売上，売掛金，棚卸資産はプリンシパルで計上されます。CMRのP／Lには，コミッションと営業費用が計上されるだけです。

　CMRは，プリンシパルが作成したプライスリストに基づき顧客と交渉し，プリンシパルのために需要予測を行い，アフターセールスサービスを提供します。プリンシパルは製品の所有権を有し，殆どのリスクを引き受け，価格政策及び市場戦略を決定します。CMRは売掛金の請求，入金に関して回収努力を行いますが，回収義務はなく，顧客からの入金からコミッションを控除してプリンシパルに送金します。

　プリンシパルは，CMRに対して一定の利益を保証します。CMRは自己の名前で契約を締結しますので，従属代理人に該当するリスクは少ないのですが，CMRが価格交渉するような場合には，PEリスクが生じる可能性があります。

　英国，ロシア，トルコのように，法的にCMRという概念が存在しない国もあります。フランスでは，損益計算書の形式が法定されていますので，コミッションを売上として計上することが認められません。

　また，VAT目的の請求書発行が必要となりますので，ITシステムに与える負担が大きいといえます。

　さらに，BEPS行動7（税務上の恒久的施設）について代理人PEリスクに留意する必要があります。

(3) **エージェント**

　エージェントは，プリンシパルの代理人です。売買契約書は，プリンシパルと顧客との間で直接締結されます。顧客は，エージェントがプリンシパルの代理人であることを認識しています。

　請求書は，プリンシパルから顧客に直接送付されます。顧客とのクロスボーダー取引は，VAT法上イントラコミュニティーサプライに該当し，請求書の

VAT税率はゼロと記載されます。この場合，顧客がインプットVATを計算して処理しますので，エージェント方式に変更した場合，顧客のVAT申告業務に影響が生じる可能性があります。

　エージェントは，プリンシパルに対しコミッションを請求します。エージェントはプリンシパルの代理人として行為しますので，代理人PEリスクに留意する必要があります。エージェントがプリンシパルのPEとみなされる場合，当該PEに帰属する利益に課税される可能性があります。また，フルリスクモデルからエージェントモデルに移行する場合，顧客リスト等がプリンシパルに移転しますので，当該無形資産の移転に係るキャピタルゲイン課税の問題が生じます。

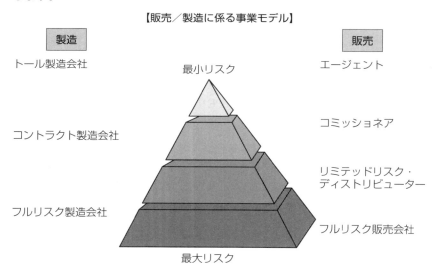

【販売／製造に係る事業モデル】

Q13 プリンシパルモデルにおける製造会社

プリンシパルモデルにおける製造会社のビジネスモデルについて教えてください。

Answer

プリンシパルモデルにおける製造会社のビジネスモデルとしては、トールマニファクチャラー、コントラクトマニファクチャラーの二つがあります。

(1) トール・マニファクチャラー

トール・マニファクチャラー（以下、トール会社）はプリンシパルと受託加工契約を締結し、プリンシパルから受託した製品を製造加工します。

トール会社は、原材料、仕掛品、製品の所有権、リスク、製造物責任等一切を負担しません。プリンシパルが原材料の発注を行い、トール会社は生産活動に専念し、総製造費用にマークアップした額を請求します。原材料の購入価格及び製造原価に対するリスクは全てプリンシパルが負担します。

プリンシパルのB／Sに仕掛品が計上されるため、プリンシパルがトール会社の製造過程にある仕掛品の評価を行う必要があり、そのためのITシステムの構築が求められます。トール会社のP／Lには、製造費、人件費、間接費などの総製造費用及びコストプラスの収入が計上されます。

(2) コントラクト・マニファクチャラー

コントラクト・マニファクチャラー（以下、コントラクト会社）はプリンシパルとの間で受託加工契約を締結しますが、独立的に独自の判断に基づき生産計画を立案し、従業員を雇用することができます。コントラクト会社は原材料の発注を自ら行い、原材料に関する価格リスクを負います。

コントラクト会社のB／Sには、原材料、仕掛品が計上されますが、製品は計上されません。P／Lには、プリンシパルに対する売上及び売上原価が計上されます。

Q14 シェアードサービスセンター

プリンシパルモデルにおけるシェアードサービスセンターについて教えてください。

Answer

　グループ会社の財務，会計，法務，人事，ITなど，バックオフィス業務をシェアードサービスセンター（以下，SSC）に委託することがあります。これは，グループ会社の重複業務を集約し，全体としてのコストを削減することを目的としています。

　SSCは，プリンシパルと役務提供契約を締結します。単にプリンシパルにバックオフィス業務を集約する場合と異なり，SSCはグループ会社に対する高品質のサービスを提供する会社です。プリンシパルに各国の重複機能を形式的に集約しても，上手く機能せず，逆にサービスの低下やグループ会社からの不満を招き，失敗するケースもあります。言語の問題，効率性，シェアードサービスの限界などを考慮に入れながら，集約すべき機能，範囲を特定し，SSCの設置国を慎重に決定する必要があります。

　SSCは単なる管理機能の寄せ集めではなく，グループ会社に対し，高品質のサービスを提供するプロフェッショナル集団です。社外にアウトソースした場合と同等以上のサービスでなければ，グループ会社には不満が生じます。

　SSCが適合するサービスは，大量の標準化された業務プロセスに係る取引であり，IT技術を駆使しながら規模の経済を追求します。SSCを低コストの多言語対応可能国である東欧諸国，インド，中国などに設置する例が多いようです。

Q15 プリンシパルモデルの税務問題

プリンシパルモデルに移行する際,税務において留意すべき点はありますか。

Answer

1 機能移転課税,出口課税

事業利益は,リスク及び付加価値機能に対応する利益,事業の基本的利益から構成されています。プリンシパルモデルに変更する場合,重要なリスク及び付加価値機能はプリンシパルに移転しますので,利益も移転することになります。

ドイツでは機能移転課税が導入されており,重要な機能移転に関して課税されますので,留意が必要です。その他の国においても,販売会社の利益水準が下がると出口課税リスクが生じます。再編後の利益率について,移転価格の観点からの妥当性を証明できるようにしておく必要があります。

出口課税に関して各国税務当局に共通する標準的なアプローチはありませんが,取引,組織,リスク,機能などに関する法的分析・経済的分析を行い,移転価格文書,防御ファイルを作成し,十分に事前準備をしておくことが重要です。

【機能再編と利益の関係】

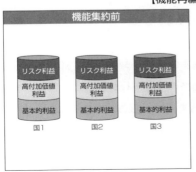
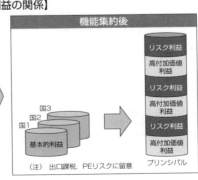

2　PEリスク

　PEとは「税務上の恒久的施設」のことですが，課税の判定基準として重要な概念です。PEと認定されると課税されるため，プリンシパルモデルに移行する際は各国のPEリスクを検討する必要があります。

　プリンシパルモデルでは，各国販社又は製造会社の機能及びリスクは大幅に低下して，一定の薄い利益しか計上しないことになります。この場合，プリンシパルモデルと実態が一致していることが重要です。すなわち，プリンシパルモデルと言いながら，実態は各国に機能・リスクが残っているような場合，税務当局から販社がプリンシパルのPEとして機能していると指摘されるリスクがあります。

Q16　プリンシパルモデルと移転価格リスク

　プリンシパルモデルにおける移転価格リスクは，フルリスクモデルと比較してどのようになりますか。

Answer

　フルリスクモデルは分散型事業モデルを採用しているケースですが，赤字を計上するなど移転価格リスクがある場合は各国税務当局からチャレンジを受ける可能性がありますので，早めの移転価格リスク対応が必要です。

　プリンシパルモデルではリスク限定の販社に対して一定の利益を保証しますので，移転価格の管理がシンプルで説明しやすいものとなります。事業リスクはプリンシパルが取りますので，赤字は基本的にプリンシパルで計上されることになり，日本の親会社との間での移転価格の検討が行われることになります。日本の親会社とプリンシパルとの間でAPAを申請することも容易になります。

　これらの点で，プリンシパルモデルの方がフルリスクモデルよりも移転価格リスクの管理が行いやすいといえます。

[参考文献等]

Worldwide Corporate Tax Guide 2015（EY）

Worldwide VAT and GST Guide 2015（EY）

Worldwide Personal Tax Guide 2014-2015（EY）

Legal forms of doing business in the Netherlands（Holland Van Gijzen）

IFRS：A comparison with Dutch laws and Regulations edition 2014（EY）

労働・生活安定法，実務の手引き（Holland Van Gijzen）

New Dutch Flexible Company Law（Holland Van Gijzen）

HOLLAND HANDBOOK（2014-2015）（XPAT MEDIA）

クロスボーダーM&Aの税務戦略（EY税理士法人）

EYグローバル税制アップデートセミナー（EY税理士法人）

BEPS 2015 Final report Action 1-15（OECD）

Union Customs Code（EY）

EY Netherlands News letter and Tax Alert（2011-2016）

EY税理士法人ニュースレター（2011-2016）

Common Consolidated Corporate Tax Base（European Commission）

Works Councils Act（Sociaal-Economische Raad 2013）

[　用語索引　]

[あ]

アウトプットVAT ……………37,102,103,248
一時帰国費用 ……………………………… 142
一般的濫用防止規定(GAAR) ……… 237,241
一般特恵関税制度 ……………………… 126
一般納税代理人 ………………………… 111
移転価格ガイドライン ………………… 233
移転価格税制 …………………………47,77
移転価格調査 ……………………………90
移転価格通達 ……………………………40,78
移転価格文書 …………………………47,79
移転価格文書化 ………………………… 234
移転価格ポリシー …………………………91
イノベーションボックス ……………3,48,51
イントラコミュニティ供給 …………106,248
イントラコミュニティ取得 …………106,248
イントラスタット報告 ………………120,251
インプットVAT ………37,102,103,108,248
インボイス ……………………………… 117
営業権 …………………………………… 167
営業権の償却 ……………………………62
営業譲渡 ………………………………… 260
エージェント ……………………268,269,270
遠隔地販売 ……………………………… 247
エンティティアプローチ ……………… 232
欧州委員会 ……………………………… 205
欧州共同体統合関税率 ………………… 125
欧州司法裁判所 ………………………… 240
欧州統括会社 ………………………………9
オブジェクティブテスト ……………… 237
親子会社 ………………………………… 256
親子会社指令 …………………………… 236
親子合併 ………………………………… 199
オランダ会計基準 …………29,157,158,180
オランダ競争法 ………………………… 205

オランダ年金 …………………………… 149
オランダ民法第2編
　……………………158,160,162,168,172,199

[か]

外貨換算 ………………………………… 186
外貨建債権債務 ………………………… 174
外貨建取引 ……………………………… 174
会計期間 ………………………………… 160
会計方針の変更 ……………………180,188
解雇 …………………………191,209,218,219
外国支配会社 …………………………… 241
会社清算 ………………………………… 208
会社分割(Legal de-merger) ……70,206,245
会社法 …………………………………… 192
過少資本税制 ……………………………64
カストディアン ………………………… 208
課税事業者 ………………………………49
課税テスト ………………………………27
合併 ………………………………69,199,245
合併決議 ……………………………200,202,203
合併提案書 ……………………199,200,202,203
株式合併 …………………………………69
株式交換 ………………………………… 246
株式消却 ………………………………… 198
株式譲渡益課税 …………………………29
株式買収 ………………………………… 203
株主総会 ……………………………163,192
借入金利子 ………………………………60
簡易インボイス ………………………… 118
関係会社 ………………………………… 238
監査人の選任及び交代 ………………… 163
監査役会 ………………………………… 195
関税 ………………………………… 101,124
関税代理人 ……………………………… 128
関税優遇協定 …………………………… 126

関税率	125	公証手続	201
カンパニーカー	142, 212	公証人	198
関連会社株式	168	拘束的関税分類情報	125, 133
企業年金	150	拘束的原産地情報	133
議決権	12, 167	合同関税品目分類表	125
議決権のない株式	11, 16	後発事象	188
機能通貨	53	コールオフストック	112
機能分析	82	子会社清算損	30
キャッシュプーリング	43	国外支店の損益	63
キャッシュフロー計算書	179, 184	国際財務報告基準	157, 180
競業禁止条項	191, 213	国内合併	199
業務関連費用スキーム	151	国内リバースチャージ	113, 114
極小会社	162	国民保険	146
居住者	136	個人所得税	136
居住性	31	コストプラス法	84
挙証責任の転換	90	固定資産の減価償却	60
金融会社	9	固定的施設	110, 111
金融商品	186	コミッショネア	230, 268, 270
国別報告開示指令案	242	雇用契約	210, 215
国別報告書	47, 77, 79, 80, 81, 99	雇用契約書	211
グループ金融会社	40	混合費用	58, 63
グループ内役務提供	233	コンサイメントストック	112
グループ内サービス	38	コントラクト・マニュファクチャラー	271
グループ比率条項	240		
クロスボーダー合併	201, 259, 261	**[さ]**	
軽減税率	95	債権者保護期間	202
経済分析	83	最終査定書 (Final Assesment)	55, 143
決算日	160	最低資本金	12, 191
月次インボイス	118	最低賃金	214
欠損子会社	66	再投資準備金	59
原価基準法	84	再販売価格基準法	84
研究開発費	85	再評価準備金	172
健康保険	147	財務諸表	159, 160
減資	13, 198	サブジェクティブテスト	237
源泉徴収義務	145	サブスタンス	31
健全なビジネス慣行	57	サプライチェーン	82
減損会計	175	三者間取引 (ABC取引, チェーン取引)	115, 248
現物出資	12, 29, 197	30％ルーリング	4, 139, 140
恒久的施設 (PE)	19, 94, 227, 229, 230	三層構造アプローチ	47
公衆縦覧	200		

シェアードサービスセンター	272	税務上の居住地の移転	49
事業合併	69	税務上の減価償却	60
事業分析	82	税務調査	39, 47
資産(事業)買収	203	税務調査官	55
資産移転	245	税務プランニング	233
資産テスト	28	税務ルーリング	72
事前価格確認制度	72, 74	ゼロバランス・プーリング	44
事前確認制度	4, 47, 72	相互協議	92, 234
事前税務裁定制度	72, 73	相互協議手続(MAP)	88, 234
実質要件	41, 42	相互協議に係る仲裁	92
支店	9, 18, 19, 21, 22	租税条約	223, 228
自発的情報交換	226	その他の金融資産	168
資本	183	損益計算書	178, 184
資本参加負債	64	損失控除	50
資本参加免税	3, 25, 26, 64, 73, 74		
資本準備金	172	**[た]**	
資本テスト(Equity test)	12, 17, 198	滞在許可証	135, 153
資本の部	172	貸借対照表	178
姉妹合併	199	代理人PE	94, 230
社会保険	146	多国間協定	235
社会保障制度	222	タックスインスペクター	55
従業員年金	170	タックスヘイブン税制	97
従業員保険	147	棚卸資産	165, 181
自由貿易協定	126	短期保有有価証券	165
住民登録	155	チェーン取引(ABC取引, 三者間取引)	115, 248
小会社	162	知的労働者	153
試用期間	191, 212	中会社	161, 162
商工会議所	13, 15, 112, 159, 193, 207	中間配当	32, 33
新欧州連合関税法典(UCC)	101, 126, 130, 131	中間持株会社	177
水平的モニタリング制度	4, 56	駐在員事務所	9, 10, 19, 20, 21, 22
スプリットアップ	206	仲裁手続	88
スプリットオフ	207	長期外貨建借入金に係る為替差益	59
税額控除	34, 42, 49, 51	長期出張者	154
税源浸食と利益移転	223, 224	長期派遣者	149
制限納税代理人	111	賃金税	144
税効果会計	171, 183	賃金税番号	145
清算貸借対照表	208	定款変更決議	193
清算人	209	適格研究開発税制	51
清算配当	208	出口課税	239, 240

デッドエクイティスワップ ………	64
デューデリジェンス ………………	204
デリバティブ・ …………………	173
電子インボイス …………………	118
転職手当 …………………	191, 220
導管取引 …………………………	227
導管取引防止規定 ………	92, 95, 96, 97
動機テスト ………………………	26
トール・マニュファクチャラー ………	271
特典制限条項（LOB）	
…………………	92, 95, 96, 97, 228, 229
独立価格比準法 …………………	83
取締役 …………………	193, 221
取締役会 …………………	163, 193
取締役報告書 …………………	162
取引単位営業利益法 …………	85

[な]

日蘭社会保障協定 ………	135, 148
日蘭租税条約 ………	47, 92, 94, 139
日本の親会社からのサービス ………	116
日本の社会保険料 …………	150
日本払い賞与 …………………	143
ネクサスアプローチ ………………	226
ノーショナル・プーリング ………	44

[は]

廃止事業 …………………………	189
買収 …………………………………	203
配当計画 …………………………	208
配当源泉税 ………	25, 32, 34, 95
配当権利落ち株式 ………………	16
配当準備金 ………………………	34
配当請求権のない株式 …………	11
ハイブリッド・ミスマッチ ………	224, 239, 241
ハイブリッド金融商品 …………	224
パテントボックス …………………	226
引当金 …………………	169, 183
非居住者 …………………………	136
1株当たり利益 …………………	187

183日ルール ……………………	137
ファーストセール ………………	132
付加価値税 ………………	101, 102
複合金融商品 ……………………	171
複数議決権株式 …………………	16
普通株式 …………………………	16
普通労働者 ………………………	154
赴任費用 …………………………	141
負ののれん ………………………	167
部分的非居住者 ………	136, 139
プリンシパルモデル	
…	255, 264, 265, 266, 267, 271, 272, 273, 274
プリンシパルモデルによる機能再編 ……	262
フルリスク製造会社 ……………	270
フルリスク販売会社 ……………	270
フルリスクモデル ………………	274
フレックスBV ………	10, 11, 191
平準化準備金 ……………………	59
ヘッジ ……………………………	173
ベンチマーク調査 ………………	83
法人税査定書 ……………………	54
法人税申告書 ……………	41, 43
法人税率 …………………………	48
法定監査 …………………………	163
法定休暇手当 ……………………	214
法的合併 …………………………	69
保税加工 …………………………	127
保税倉庫 …………………………	132
本支店会社 ………………………	256

[ま]

マスターファイル ………	47, 77, 79, 81, 99
マネジメントサービス …………	39
みなし資本参加 …………………	27
みなし配当 ………………………	33
無形固定資産 ……………………	166
持株会社 …………………………	9, 25
持分法損益 ………………………	62

[や]

役員報酬 ……………………………… 139
有害な租税慣行 ………………………… 226
有期契約 ………………………………… 217
有形固定資産 …………………… 166, 181
優先株式 …………………………………… 16
輸入VATの延納制度 ………………… 108
予備査定書 …………………………… 54, 55

[ら]

濫用防止規定 …………………………… 36
リース ………………………………… 174, 186
利益共有株式 …………………………… 17
利益配当請求権 ………………………… 12
利益分割法 ……………………………… 84
利子, ロイヤルティ指令 ……………… 44
利子源泉税 ……………………………… 96
利子控除 ……………………………… 239
利子控除制限ルール ………………… 225
リスク要件 …………………………… 41, 42
リセールプライス法 …………………… 84
リバースチャージ …………… 108, 113
リミテッドリスク・
　ディストリビューター ……… 267, 268, 270
流動性テスト(Liquidity test) …… 12, 17, 198
累積的優先株式 ………………………… 17
留守宅手当 …………………………… 139
連結財務諸表 ………………… 176, 177
連結納税 ……………………………… 65, 67
連結免除規定 ………………………… 176
ロイヤルティ …………………………… 85
労使協議会 …………………………… 196
労働, 生活安定法 …………… 191, 222
労働許可証 …………………… 135, 152
ローカルファイル …… 47, 77, 79, 80, 81, 99

[ABC]

ABC取引(三者間取引, チェーン取引)
　………………………………… 115, 248
AEO ……………………………………… 129
APA …………………………………… 72, 74
APA手続 ………………………………… 75
Article 23 ……………………… 4, 108, 112
asset test ………………………………… 28
ATA指令(EU反租税回避指令)
　……………………… 72, 73, 223, 239, 242
ATR …………………………………… 72, 73
Authorised Economic Operator ……… 129
B2Bクロスボーダーサービス ……… 116
BEPS ………………………………… 223, 224
BEPS行動 5 ………………………… 72, 73
BEPS行動 7 ………………………… 93, 94
BEPS行動 8 ……………………………… 86
BEPS行動13 …………………………… 47
Besloten Vennootschap(BV) …… 9, 10, 18
BOI ……………………………………… 133
BTI ……………………………… 125, 133
Business merger ……………………… 69
BV(Besloten Vennootschap) …… 9, 10, 18
CBA ……………………………………… 210
CCCTB(Common Consolidated
　Corporate Tax Base) ……………… 244
CFC(Controlled Foreign Company) … 71
CN：Combined Nomenclature ……… 125
CNコード ……………………………… 125
Collective Bergaining Agreements …… 210
COOP ……………………………… 23, 25
CUP法 …………………………………… 83
custodian ……………………………… 208
Custom agent ………………………… 128

[DEF]

Dutch Emplyee insurance Agency(UWV)
　………………………………… 216, 218
EBITDA ………………………………… 240
Equity test(資本テスト) ……… 12, 17, 198
EU合併指令 …………………………… 245
EU共通連結法人課税標準 …………… 244
EUセールスリスト …………… 120, 251

EU仲裁手続 ·· 88
EU独禁法 ·· 205
EU反租税回避(Anti-Tax Avoidance)
　指令(ATA指令) ········ 72, 73, 223, 239, 242
EU利子, ロイヤルティ指令 ················ 237
Final Assesment(最終査定書) ········ 55, 143

[GHI]

General Anti-Abuse Rule：
　GAAR(一般的濫用防止規定) ······ 237, 241
Group ratio escape ···························· 240
GSP ··· 126
IPR(Inward processing relief) ············ 127
IP優遇税制 ·· 226

[JKL]

JV ·· 61, 185
Legal de-merger(会社分割) ······ 70, 206, 245
Legal merger ·· 69
Liquidity test(流動性テスト) ······ 12, 17, 198
LOB(特典制限条項)
　································ 92, 95, 96, 97, 228, 229

[MNO]

M&A ·· 68
MAP(相互協議手続) ······················ 88, 234
Mixed expense ································ 58, 63
motive test ··· 26
N.V.(Naamloze Vennootschap) ············ 10
OECD ·· 223
OECD移転価格ガイドライン ············· 83
OECDモデル租税条約 ·························· 94
OPR(Outward processing relief) ········ 127

[PQR]

PE(恒久的施設) ············ 19, 94, 227, 229, 230

PPT ·· 228
Preliminary Assesment ················ 54, 55

[STU]

Share merger ································ 69, 246
SPC ··· 23, 31, 68
Split-off ·· 207
Split-up ··· 206
subject to tax test ································· 27
TARIC ··· 125
Transaction net margin method ············ 85
Transfer of assets：Asset merger,
　Contribution of assets ···················· 245
UCC(新欧州連合関税法典)
　·· 101, 126, 130, 131
UWV (Dutch Emplyee insurance
　Agency) ·································· 216, 218

[VWX]

VATインボイス指令 ·························· 252
VATグループ納税 ······························· 118
VAT行動計画 ······································ 253
VAT申告 ··· 122
VAT申告書 ································ 119, 252
VAT登録 ·· 105
VAT納税代理人制度 ··························· 111
VATの課税時期 ·································· 107
VATの課税事業者 ······························ 105
VATの課税対象取引 ·························· 104
VATの課税地 ····································· 106
VATの還付 ·································· 110, 121
Work related cost scheme ················ 151
WOZ評価 ·· 57

[　執筆者紹介　]

富永　英樹（とみなが　ひでき）
1982年　早稲田大学政治経済学部卒業。1984年　公認会計士第二次試験合格，大原簿記学校会計士科講師。1989年　公認会計士第三次試験合格，太田昭和監査法人（現新日本有限責任監査法人）入所。現在，新日本有限責任監査法人シニアパートナー。
1998年7月から2003年12月，及び2004年7月から現在に至るまでEYアムステルダム事務所に出向。日系企業担当グループ（Japan Business Service）のリーダー。この間，オランダ進出日系企業の設立，清算，買収，合併，組織再編，監査，法人税申告，VAT，関税など多岐にわたるアドバイスを提供。国際税務関係の専門誌，雑誌にも寄稿。日本でオランダ投資セミナー，オランダで日本商工会議所主催セミナーなど各種セミナーに参加。

（主な著書）
『EU進出企業のオランダ投資税制ハンドブック』中央経済社（2004年4月）
『EU市場の拠点，オランダ進出ガイド』中央経済社（2011年8月）

[　オフィス　]

新日本有限責任監査法人
〒100-0011　東京都千代田区内幸町2丁目2番3号　日比谷国際ビル
TEL：03-3503-1131　FAX：03-3503-1869（海外企画部）　www.shinnihon.or.jp

EY税理士法人
〒100-6032　東京都千代田区霞が関3丁目2番5号　霞が関ビル32F
TEL：03-3506-2411（代表）　www.eytax.jp

EYトランザクション・アドバイザリー・サービス株式会社
〒100-6027　東京都千代田区霞が関3丁目2番5号　霞が関ビル27F
TEL：03-4582-6400　FAX：03-3503-0702　www.eytas.co.jp

Ernst & Young Accountants LLP
Antonio Vivaldistraat 150　1083 HP Amstelveen　P. O. Box 7883
1008 AB Amsterdam　The Netherlands
TEL：+31 88 407 1723　FAX：+31 88 407 1005

EY | Assurance | Tax | Transactions | Advisory

新日本有限責任監査法人について
新日本有限責任監査法人は，EYの日本におけるメンバーファームです。監査および保証業務をはじめ，各種財務アドバイザリーサービスを提供しています。詳しくは，www.shinnihon.or.jpをご覧ください。

EYについて
EYは，アシュアランス，税務，トランザクションおよびアドバイザリーなどの分野における世界的なリーダーです。私たちの深い洞察と高品質なサービスは，世界中の資本市場や経済活動に信頼をもたらします。私たちはさまざまなステークホルダーの期待に応えるチームを率いるリーダーを生み出していきます。そうすることで，構成員，クライアント，そして地域社会のために，より良い社会の構築に貢献します。

EYとは，アーンスト・アンド・ヤング・グローバル・リミテッドのグローバル・ネットワークであり，単体，もしくは複数のメンバーファームを指し，各メンバーファームは法的に独立した組織です。アーンスト・アンド・ヤング・グローバル・リミテッドは，英国の保証有限責任会社であり，顧客サービスは提供していません。詳しくは，ey.com をご覧ください。

本書は一般的な参考情報の提供のみを目的に作成されており，会計，税務及びその他の専門的なアドバイスを行うものではありません。新日本有限責任監査法人及び他のEYメンバーファームは，皆様が本書を利用したことにより被ったいかなる損害についても，一切の責任を負いません。具体的なアドバイスが必要な場合は，個別に専門家にご相談ください。

編者との契約により検印省略

平成28年11月30日　初　版　発　行		海外進出の実務シリーズ オランダの 会計・税務・法務Q&A

編　　者　　新日本有限責任監査法人
発 行 者　　大　坪　嘉　春
印 刷 所　　税経印刷株式会社
製 本 所　　牧製本印刷株式会社

発行所　〒161-0033 東京都新宿区　　株式　税務経理協会
　　　　下落合2丁目5番13号　　　　会社
　　振　替 00190-2-187408　　電話　(03)3953-3301（編集部）
　　Ｆ Ａ Ｘ　(03)3565-3391　　　　　(03)3953-3325（営業部）
　　　　URL　http://www.zeikei.co.jp/
　　　　　　乱丁・落丁の場合は，お取替えいたします。

　　©　2016 Ernst & Young ShinNihon LLC.　　　　　Printed in Japan

本書の無断複写は著作権法上での例外を除き禁じられています。複写される
場合は，そのつど事前に，（社）出版者著作権管理機構（電話 03-3513-6969,
FAX 03-3513-6979, e-mail : info@jcopy.or.jp）の許諾を得てください。

JCOPY ＜（社）出版者著作権管理機構 委託出版物＞

ISBN978-4-419-06408-2　C3034